親愛的彼得先生

Fun with Peter

葉揚 著

序

彼得先生是誰？

他是我的先生。

在戀愛的時候，他是我的便服日，是週五的夜晚，是最愛的曲子唱到副歌，是可以續杯的可樂。在婚姻裡面，他則是躺在我旁邊老是頂嘴，睡覺發出咕嚕咕嚕聲音的那個人。

一週之中，我最喜歡的是週六的早晨。早上醒來，彼得先生跟我猜拳決定誰要去買早餐的十分鐘，總是讓我非常喜愛。與其說我喜歡贏，還不如說我喜歡彼得以爲自己必勝卻連輸三次的那個表情。

開始寫彼得先生，是某個莫名其妙的一天，我在網路上抱怨他用擦臉的毛巾擦屁股的事，引起很多讀者回響，我覺得很有趣，就陸陸續續地把他發生的事情記錄下來。

我一直寫一直寫，直到有一天我的媽媽再也受不了：「把自己的先生寫得像白癡，對妳到底有什麼好處？」

彼得跟我結婚剛剛滿兩年，兩年是七百三十天。結婚很像買了一臺車。看電視廣告，車身總是閃閃發亮，車裡的人笑得嬌豔欲滴，等到眞的把車開回家，車門會撞得凹凹凸凸，烤漆剝落，小鳥在引擎蓋上大便，在後照鏡吊一隻小熊，在冷氣孔加裝黃色電風扇，後座堆了好幾個形狀不一致的抱枕。

「我告訴妳，結婚更像騎機車。」彼得說。

「爲什麼？」

「因爲夫妻兩人，都要用自己的肉包著那臺車，有時候不得已還要用腳來剎車。」雖然這樣的事很少發生，但這次我覺得他說得有道理。這本書說的是彼得和我的婚姻生活，他讓我明白，婚姻從來就不是靠品味在運作的東西。

正當我在寫這篇文章的時候，彼得先生咚咚咚地從客廳跑進臥房來。

「我想到一個二十一世紀最偉大的發明！」他得意洋洋道：「這是一個致力於男女關係的產品，服貼於胳肢窩，可以吸收腋下汗水，把狐臭轉換成香味的透明貼布，我告訴妳這個一定大賣。」

「你是說腋下護墊嗎？」

「欸，妳這個人怎麼這麼不會取名字，這種特殊商品一定要有個響亮的稱號才行。」

「腋下護墊就是腋下護墊，」我不以爲然，「不然你要叫它什麼？」

「我要把這個產品命名爲……」彼得先生搔著下巴，接著隆重宣布：「壁咚神器！」

彼得先生是誰？

他是我的先生。

他是一個能在緊張的時候化險爲夷，在玩鬧的時候畫蛇添足，在我很討厭他的時候，化干戈爲玉帛的男人。

因爲他，有一部分的我，從不曾眞正老去。

我很高興，這本書不只是我的，而是我們的。

目錄 Contents

1

大喜之日

Wedding Day

很多人問我，跟彼得先生是不是一見鍾情？有一個初期的回憶可以提供大家更多的想像。

彼得跟我是高中同班同學。高一的時候，我被選為學藝股長，開學後的第一個任務，便是收集全班的大頭照，交到學務處，以便製作學生證。

一個星期後所有同學都交了照片，只剩下彼得先生，我幾乎是用哀求的姿態請他將照片給我，他還一面做打掃工作，一面嬉皮笑臉地說：「可是我還沒有去拍……」

某日下課休息時間，我被廣播叫去學務處，這下好了，全校的一年級班級都交了，只剩下我這一班學號四十七號的慢郎中彼得，我被學務組長念了一頓，被強烈損傷的榮譽感頓時悶出一股恨意，好幾天過去，當彼得先生終於拿著他自以為帥氣滿點的玉照來時，我在他的大頭照後面，寫了王八蛋三個字後，才把照片貼在學生證上，交給學務處護貝處理。

那時候，十六歲的我還不知道自己將來會和這個男孩子談戀愛，然後結婚。事隔多年，有一次我去彼得先生家玩，看見他珍惜地用鞋盒裝著自己從小到大的證件時，那張高中學生證擺在最上層，讓我嚇出一身冷汗。

而這件小小的報復事件，我一直到結婚宣誓的那一天，才當著所有賓客的面，拿著麥克風，開口向彼得承認。

汗水濕漉漉地貼著我的背，在露天花園中，梳著西裝頭的彼得先生握著我的手，「再不開始，我的襯衫就要變成透明的了。」他恐慌地說。

今天，我們就要在炙熱的太陽底下結婚了。

跟所有的婚禮都類似，大家熱鬧地參加祝福，舉起酒杯對著舞臺上的我們喊：「要幸福喔。」

穿著正式服裝的彼得跟我，望著圍繞在一個又一個圓桌邊的人群，不知道該回應什麼，只能笑嘻嘻地一口喝掉假裝成紅酒的葡萄汁。

「好甜喔。」彼得先生對我說。我看著他側面的酒窩，也跟著喝了一大口。

很多事情回頭來看，都有所謂的轉捩點。彼得先生跟我認識超過十五年，戀愛十四年。在這份長期關係裡面，有一個時刻，我認爲是重要的關鍵。

那是一個威猛的夏天，暑假剛剛結束。那年我們十六歲。我按照每天上學的習慣，騎著深藍色的腳踏車，在早上七點出門。抵達學校的途中，我放鬆踏板，一個轉彎的路口，減速滑行時，聽見有人喊我的名字。

我回頭看，是穿著淺綠色短袖制服的彼得。他從馬路的另一端走過來，露出白白的牙齒向我揮手。

「你怎麼在這裡？」我問他，從這個路口走到學校，還有一段二十分鐘的距離。

「我家那邊的公車，最多只能開到這邊啊。」他指指後方的站牌，帶著遺憾的表情。

「既然這樣，那你上車吧！」我提議讓他坐上我的腳踏車。「我順便載你。」

「咦？」彼得倒退了一步，一臉不相信。「妳會載人喔？」

直到現在，我依然記得他稚嫩的臉，皺在一起擠出來的那種懷疑與挑釁。簡直跟龜兔賽跑中，烏龜提議要比賽時，那隻兔子不可置信的反應一樣。

「對喔，我也不是很確定，說實在的你會擔心就算了。」我想了想便立刻收回原先的建議，「那麼你用走的好了，時間還早，慢慢走也可以。再見！」話一說完，我便踩動踏板，頭也不回地揚長而去。

據彼得先生表示，他更記得的畫面，是綁著馬尾的我，跨上腳踏車快速離去而縮小的背影。他原先打算提議我們兩人交換，由他騎車載我，可是什麼都來不及說，我人就搖著身體踏著踏板走了。「眞是個無情的女性。」他當時如此想著。

彼得先生因此決定隔天提早站在那個轉角等我經過，接著告訴我其實有更好的辦法，他打算告訴我，自己很會騎車，可以載我去上學。

而那個時刻，那個爲了可以快點到校的腳踏車共乘決定，對我們兩人來說，就是所謂的轉捩點。

「讓我們再次邀請今天的主角，新郎新娘一起上臺。」主持人用高亢的聲音說話，嘩啦啦地掌聲響起來，爸爸媽媽看著我拉著裙襬，神情快樂，而彼得先生正偷偷用手搔著我腰際，感覺微微發癢。就這樣，十多年的戀愛記憶，變成一個小小的圓球，趁大家都不注意的時候，悄悄滾過去了。

婚禮結束後的下午，我們高高興興地用已婚的身分，住進飯店提供的蜜月套房。彼得先生把四套禮服一坨一坨地堆在角落，像是蛋糕師傅在某日實驗失敗，無法販售的泡芙樣品。曾經我是那樣在乎地從幾百套婚紗裡面挑出來的白紗，現在好像已經不那麼重要。

套房裡，幾位伴郎在等待彼得先生換裝去 after party，我約了高中時期要好的女生朋友，在房間裡面聊天。

我有一種，從今以後，再也無法跟其他男生交往的心情。

「嘿，如果我說，身為新娘，希望能看一下你的肌肉的話，你會怎麼樣？」我恬不知恥地對著其中一位精壯的伴郎開著玩笑。

那位有著高挺鼻梁的伴郎看著我，想確認我說這句話時有多認真，我也張大眼睛回看著他。下一秒，伴郎便二話不說地解開鈕釦，把上衣脫掉。幾個女生遮住臉哇哇大叫起來。從羞花閉月的小女生變成完全不要臉什麼都敢要求的歐巴桑性格，這是我婚後的第一個顯著轉變。

晚上，彼得先生累呼呼地躺在床邊，白天的婚禮以一種鐵人三項的速度，跑得離我們好遠好遠了。當我問他，對結婚的感想時，他煞有其事地想了一想說：「**我因為變瘦，得到了好多**

稱讚，我以後一定要一直這麼瘦。」

我以爲在新婚之夜，會得到一些很浪漫的對話，供我一生珍藏。可是彼得還是跟男朋友的時期一樣，講出沒有重點的話。這樣也好，始終如一的男人，從某些方面來看，總是很好。

我跟彼得先生，其實是非常不同的兩個人。我蹦蹦跳跳，擅長計畫，執行力強；彼得動作優雅，天天幻想，神經大條。有時候我想不通自己爲何要嫁給一個完全不一樣的人，可是事情已經發生了。

一直以來，我都是非常執著的人，要做一件事，就要有確定的時間表。小時候聽媽媽說，暑假的第一天，當時還是小學三年級的我，便把假期的六十天日程表，規劃得滿滿地貼在牆上。從那時候開始，我就是個著迷於按表操課的人。

國中的時候，不小心把頭髮剪壞了，我堅持要買一頂假髮戴，媽媽花了幾千元在忠孝東路的一家專賣店替我付了錢，我至今都記得，我坐在鏡子前面，店員先用網子把我的眞髮壓住，試戴各種假髮的模樣。

第一次戴了假髮的我，跟媽媽去南門市場接外婆。我坐在車子的前座，外婆開了車門進了後座。

「嗨，外婆。」我打了招呼。

外婆一時之間沒有認出來，用奇怪的眼神打量著前座的陌生青少年。

「妳孫女不喜歡現在的髮型，所以決定戴假髮。」媽媽一面轉鑰匙啓動車子，一面指指旁邊的我，無奈地向外婆解釋。

「喔？」外婆只說了一個字，她當時大概也想不出其他更好的臺詞。

我覺得很難堪，看著窗外什麼都不說，一副很酷什麼都不在乎的樣子。那頂假髮我就戴了那麼一次，隔天怕被同學發現嘲笑，我還是頂著原來的醜造型去上學了。

「欸，你還記得我有一頂假髮嗎？」新婚的那一晚，我問彼得先生。

「記得啊，妳不敢戴，後來送我的那頂嘛。」

「對啊，就是那頂。」我笑了出來，想起後來倒是彼得戴過好幾次我的假髮，還得意洋洋地去上學，就覺得一種米眞的可以養出百樣人。

故事是這樣開始的，高中時期的一次談話中，彼得發現我有一頂陳年的假髮。

「是眞髮做成的嗎？」彼得先生問，他的眼中透出亮晶晶的光芒。

「對啊。」

「那應該很貴吧！」彼得猜測，「妳爲什麼不戴？」

我告訴他緣由。

當年十七歲的彼得立刻問我可不可以把假髮給他，他興高采烈地表示想戴戴看的欲望。

「你有什麼毛病？那頂假髮是長髮耶。」

「有什麼關係？就是長髮才好啊。」

最後拗不過彼得的懇求，我還是把假髮給了他，有一陣子他戴得不亦樂乎，我都忘了他原來的樣子。

我記得，到最後彼得先生還把那頂假髮給修剪了，變成很帥氣的及肩港星造型，直到今天，我仍舊保有幾張他頂著假髮，綁小小馬尾的好笑照片。那是我們剛剛開始的戀愛時期，他笑得燦爛無比站在我旁邊，我也沒什麼意見的樣子。想一想其實大自然是非常神祕的，總是設法讓年輕人，不知道自己腦袋裡到底在想些什麼，冒險行動恣意而爲，這好像裝著某種演化的道理在裡面。

總而言之，這個假髮事件以一種堅硬無比的鑽石強度，證明了彼得先生跟我，在性格上，從來就不是一樣的人。

大喜之日後，我們的婚姻就這樣嬉嬉鬧鬧地開始了。

我們搬到新家，開始在一個只有彼此，沒有別人的空間一起生活。

愛情跟婚姻一點都不一樣。在愛情裡，你以為自己很了解這個人，其實就像小學生以為背完九九乘法表就可以考微積分的可笑想法一樣。婚姻就像是一本書包著塑膠膜，你要掏錢買回家，翻到目錄頁，才發現原來裡面有這麼多章節。

舉例來說，我從來不知道，彼得先生有這樣的潔癖與規矩：我在沙發上翹著腳看雜誌，趁我不注意時，他拿著衛生紙，奮力狂擦剛剛我腳趾落下的位置。

睡前看著村上春樹的書，看到睡著，隔天醒來時，書好端端地，像站在總統府前面的憲兵一樣，擺在客廳的書架上。

彼得先生還買了透明塑膠布，打算擺在鞋櫃裡，「這樣鞋子不會弄髒鞋櫃的木皮。」在他說這句話之前，我從來沒有想過鞋子跟鞋櫃哪個比較乾淨的問題。

彼得先生很喜歡運動，他喜愛的休閒活動只有三種：自己打籃球，看別人打籃球，以及用電動操作小小的運動員玩籃球。

「妳知道我正在控制哪一個球員嗎？」穿著內褲的他邊打電動，邊興奮兮兮地問我，我打了幾個哈欠以後，隨便猜了一個號碼。

「Score!!!!!!」彼得早就忘記他剛剛的對話，舉起雙手要擊掌，像一隻惱人的猴子，在沙發旁邊跳來跳去。

當彼得先生看NBA的時候，是身爲妻子的我覺得最無聊的時刻。我跑到房間裡看書，他急急忙忙跟進來，「不然，妳要看什麼給妳看好了。」他誠心誠意把遙控器像貢品似地奉獻給我，我說：「沒關係呀，你看你的籃球，我看我的書。」

「但是，我們在同一個空間比較好喔，冷氣只要開一臺……」像環保人士一樣地說完這句話後，彼得便自顧自地跳上房間的床。房間裡沒有電視，他坐在我旁邊，一會兒翻滾身體，一會兒搔頭玩手指。惱人的猴子。

「那麼，你要不要也看書呢？」過了一陣子，我忍不住提議。

「好啊、好啊！」他放下手指欣然同意，接著便把大大的頭湊過來，跟著看同一本書。

「欸，這樣很擠啊……」我扭著臉，把彼得的大臉推開。

「不然妳念給我聽好了，麻煩從頭念喔……」他笑得甜甜地，很快樂地表示。

在愛情裡，你以爲自己很了解這個人，其實，男人就像百貨公司的福袋，一大包裡面有一些有價值的好東西，也有原子筆毛巾小碗襪子這種奇怪的贈品。這都要等到結完帳付完錢，才能把袋子打開看。

每次在婚禮上，當大家都喊著祝你幸福時，我總覺得祝你好運會比較實際。

最近，彼得先生相當著迷於可以兩用的家具，他經常趁我不注意的時候，出門採買物品。

「妳看，這個木櫃可以收納，又可以當椅子。」

「妳看，這個箱子可以裝工具，又可以當玄關的藝術品。」

就這樣，你買一點我買一點，家裡的東西越來越多。

不知道什麼時候，彼得先生甚至買了電動的電鑽，我下班回家，就看到他穿著一條內褲，蹲在玄關，正在忙著組裝著什麼。

「妳看，我又是水電工，又是新好男人喔。」

我越笑越苦，多功能，是我們新婚的熱門關鍵字。

後來，我上網買的電風扇，終於送到家裡。這個電風扇，讓彼得先生可以心安理得地待在客廳，一面看電視一面吹著涼風，暫且解決了夫妻必須待在同一空間以省冷氣費用的問題。

聽著他在電視前面又跳又叫、模仿ＮＢＡ球星過人運球時，我在房間裡面看著喜歡的作者寫的短篇小說集，總算，覺得婚姻生活，真的很愜意啊。

2

我們的小房子

Our Sweet Little Home

鄰近我們家的大馬路上，前面魁梧的男子大搖大擺地走著，他身上的彩色刺青，從上衣爬出來停在脖子上繞了一圈。

他經過一個國小旁邊，天橋底下有一個阿公，正在路邊賣烏龜。

「咦？你是哪邊來的？怎麼之前沒看過你在這邊擺？」

流氓大哥靠過去，翻著阿公的幾個水桶，金魚跟烏龜一陣搖搖晃晃。

「拍謝……我不知道這邊不可以擺攤。」阿公有點畏縮，搓著手。

「這隻多少錢？」大哥指著桶子問。

「你要給你不用錢。」阿公揮著手，彎著身軀。

大哥抬起眉毛，壓出四五條抬頭紋。「免錢？」

他好像剛剛吞下一個擴音器，說話聲音好有力。

阿公點著頭，拿出透明的塑膠袋開始裝水，「看你要幾隻……」

「免錢你要賺啥米？」大哥竟然不爽了起來，拉高了聲音：

「欸，我嘛拜託你，一隻烏龜我買不起嗎？你搞什麼啊，快點給我說多少錢？」

就這樣，我看見流氓大哥從口袋裡掏出了鈔票，接著叼著菸，一手拿裝烏龜的袋子晃來晃去，走在前面逛著大街。

其他要買的小學生把阿公的臨時攤位圍了起來，一切都好平靜。

身為大哥的烏龜，從此牠的命運、牠的眼界，都完全不同了吧。

從前從前，我的家住在東邊的民生社區，生活安和日麗，百姓安居樂業。因為結婚，我搬到臺北的西北邊來。

新家位於老一點的臺北舊城，因為路段中有一些風化區塊，名聲不好的關係，讓新婚的我們，用便宜的價格買到了市區的房子。

我記得當初是跟爸爸來看房子的。

我的爸爸，是個資料搜集狂熱者，當他聽到我們開始找房子，他便在網路上，日日夜夜地展開臺北十二個行政區的搜索工作，程度已經到了把臺北市當作夏天陽光下晒的棉被一般，攤開掛好，翻來翻去，又用棒子前後仔細拍打的狀態。

有一天爸爸把我抓到電腦前，打開他收藏的待售房屋列表，得意地說：「妳看看這個區段，我研究出有幾間房子，有電梯，捷運也很近，價格居然還不到一千萬呢。」

「這種價錢不可能，其中一定有鬼怪。」我悻悻然地表示：「可能樓上住著軍火商，樓下住精神病患……」

總是數字導向的爸爸，當然聽不進我的意見，他說什麼都要去看那些房子，「多看多比較嘛，好東西就是這樣撿到的。」於是某個週末，我們約好房仲，搭了車前往爸爸聲稱的臺北市價格甜蜜區塊，果不其然，待售的房子位於一棟相當龍蛇混雜的華廈中。

一層有二十戶以上，排列詭異，長廊長得看不見底，我們看的房子，被兩間 Motel 與酒家夾在中間，一樓管理員穿著背心，兩隻裸露的手臂都是刺青，旁邊住戶是老人日本歌曲學習中心，房仲介紹時，薄薄的牆壁持續傳來隔壁老人快樂的演歌、拍掌、舞蹈與整齊的踏步聲。

愛されたＡＨそのあとで私は死にたいわ
（那樣被愛上後～我好想死去啊～）
燃えつきたＡＨ燃えつきたけだるい命のこのままで
（燃燒～燃燒～如此燃燒直至生命筋疲力盡哪～）

「咦……這裡看起來還可以喲。」爸爸摸著下巴轉向我：「嗯嗯，妳覺得怎麼樣？」「以恐怖片取景的角度來說，這裡看起來算還可以。」我瞪著爸爸的臉，對於他說這裡還可以這句話簡直不敢置信。

連房仲業務都忍不住開口勸說：「欸，葉先生，聽我一句，如果這是你女兒自己要來住的話，我看您還是多考慮一下吧。」

情熱のＡＨ砂嵐私をこのまま埋めてよ
（熱情的暴風沙就這樣把我掩埋吧）
情熱のＡＨ砂嵐私をこのまま埋め～～てよ～～～
（熱情的暴風沙就這樣把我掩～埋～吧～）

「搞什麼，這裡根本就是聲色場所嘛。」從華廈出來，與房仲業務告別以後，我語帶責怪地說。

「哪裡有聲色啦？」爸爸不以爲然。

我指著街道上的各式招牌，「你看，這個是賓館，這個是酒家，這個是三溫暖，還有按摩店……」

「奇怪，我怎麼到現在才看到……」爸爸東張西望，他搓著手，表情無辜地辯解道：「欸，不能怪我，畢竟我是在萬華華西街長大的啊。」

說到華西街這件事，我想起有天家族聚餐，彼得先生有感而發地說：「品牌眞的很重要。」

我問他爲什麼，他說：「妳看，最近的電影，華爾街之狼，大家想到華爾街，就覺得是很奢華，人生勝利組，賺很多錢的故事，還可以找李奧納多穿西裝來演，帥到不得了。要是換成林森北路之狼，事情就一定不是這樣……」

這時坐在對面，正在嚼著飯，我的爸爸，岳父大人說話了。

「哎呀，這種事情差一個字就差很多了啦，你想想，**萬一有天華爾街之狼，變成華西街之狼咧？**」

離開風化區域之後，我們父女兩人，筋疲力盡地走到旁邊的夜市吃飯，就在爸爸感嘆著這

條市場數十年的興衰——啊喲，想當年，我人生中喝的第一瓶可口可樂，就是妳阿公在這裡買的——我們散步經過了另一家房屋仲介公司。

「既然都來了，再進去問問吧？」爸爸推推我的肩膀提議著，「問一下也不會痛啦，我順便跟他們借下打火機。」

現在想起來，我總覺得這是老天的安排。

誤打誤撞，我們找到了一間跟風化區有一段神祕距離的房子，安靜的巷弄，有捷運有夜市，價格合理，肉眼看不到色情，但是走路十分鐘可達。

我們在一個月內出了價，買了一間小小的，兩人住起來還算可以的房子。

對小孩來說，這裡不是成長的好地方，成交的那一天，爸爸在附近望著貼在國中外牆的錄取率。

「賀！今年錄取公立高中職四十五人！」

「這未免也考太差了吧。」他無奈地嘆了口氣：「榜單裡面只有四個高中是我認識的學校……」

「沒關係啦，」我揮著手，反而看得很開了，「你女兒已經考完所有的聯招考試了……」

越是住在這裡，我越是喜歡上這個區域的風格與故事性。入夜之後的街道，熱熱鬧鬧，歌舞昇平。我有種隱隱約約的預感，對於像我一樣，立志當作家的人來說，能夠住在這樣的環境，是天賜的良機。

有天在回家的路上，彼得與我看見一個中槍的人，在街道上拖著身體走路。

「他怎麼沒穿鞋？」彼得問我。

「他怎麼流那麼多血!?」我看見地上一灘拖曳的血跡，從他的小腿旁邊汩汩流出來。

倒是那個中槍的男子，表情很是怡然自得，好像是第十八次被槍打到一樣，他不以爲意地壓著大腿的傷口，緩緩走在路上，還很有禮貌地在診所門口跟保全打了招呼，按好按鍵，等著電梯，跟在旁邊的女生瞄了我們一眼，百般無聊地吸了一口珍珠奶茶。

還有一次，某天晚上下班回家，我發現巷子裡有一張 DVD 掉在地上。

我一開門就告訴彼得先生：「你相信嗎？有一張成人影片 DVD 掉在我們家巷口，封面照片直接露兩點耶，天啊！我們家到底是什麼樣的地方啊？以後要怎麼養小孩呀？」

他完全不理會我的問題，只從沙發上彈起來問：「妳爲什麼沒有把 DVD 撿起來？」言語中帶著責備的口氣。

「咦？」我一時之間語塞，無法回答他的質問。

彼得馬上穿好衣服，關掉電動準備出門，「快點，我們現在出門買晚餐。」他說。

一路上彼得碎念著：「唉喲，DVD一定不見了，一定被某個不死鬼撿走了，這裡不死鬼這麼多。」

然後我指著地上的水溝蓋：「哪有，你看，我說的DVD還在這裡。」

不死鬼彼得二話不說，三步併作兩步，立刻彎下身將名爲《慾女》的DVD撿起來，翻到背面檢查。

「哎，刮壞了。」我聽到他遺憾地表示：「難怪被丟在這裡……」

他那**惋惜**的臉，好像樂透中獎，卻過期忘了去領一樣，我都不知道該說什麼才好。

如果沒刮壞，難道我們就該撿回家配晚餐嗎？

我在心裡暗暗地懷疑。

有時候我不太願意告訴別人我住的地方，因爲每次對方聽見我家的地址，總會戒愼恐懼地把我拉到一邊，警告我說：「欸，妳要小心喔，聽說那邊治安不是太好哪……」

我一直沒什麼感覺，直到某天早上，出門買早餐的時候……

一臺警車尾隨著一臺搖搖晃晃的小客車，用玩命關頭的方式把它逼到路邊，接著大吼大叫地把駕駛座裡的兩人拖出來，用非常粗暴的方式。

被拖出來的，竟是兩個矮矮胖胖的小學生。

警察幾乎是用丟的，把他們兩個壓在車邊，搜索上下全身。

「你們才幾歲，爲什麼開車？」

我聽見警察很大聲地問。兩個小學生在大太陽底下，東倒西歪地站不穩。

「因爲爸爸叫我出來買檳榔……」

其中一個有雀斑，穿著藍色短褲的小朋友，很無辜地回答。

「你告訴我，你爸爸好好一個大人，爲什麼不自己出來買？」剛剛壓制他的警察，酷酷地問話。

「他很忙在拜拜。今天是端午節嘛。」

兩個警察對看一眼，其中有一個翻了白眼，做出昏倒的表情。

「那你要買檳榔，不會用走的去喔？」

「喔喲，就因爲天氣很熱啊……」另一個小孩用手搧風，流著汗水補充說明。

「用走路的受不了啦……」

好像滿有道理的，我以一個路人的角度站在旁邊點點頭，簡直看得入迷了。

「大哥拜託放過我啦，我下次不會這樣了。這次都是我爸害的……」

就這樣站著討論了一陣子，小朋友居然親切地揮揮手，想要坐回車內去。

「欸欸欸，你給我出來……你爸電話幾號？」他被警察抓住脖子，又拉拉扯扯了一陣子……

「我爸就是那個誰誰誰啊，阿你不是之前也抓過他嗎？」被揪著領口的孩子表示。

「你是那個誰誰誰的兒子!?以前怎麼沒有看過你？」

「有啦，我只是現在長大一點了，你一時認不出來……」

「好像有比你爸爸帥喔……」

明明剛剛還荷槍實彈，煞有其事地盤問搜身，短短五分鐘後，警察伯伯便笑著露出魚尾紋，和藹地跟嫌犯聊起天來。

我一直看著那兩個小學生，其中一個依然用手搧著風，覺得天氣很熱，露出不以爲然的厭倦表情。

好妙的早晨，年紀好小的壞人，搬家眞値得。

結婚以前，我從來沒有跟彼得先生一起住過。小小的房子，只有一個客廳，一個浴室，一個廚房跟一個臥房。什麼都只有一個。

我覺得很滿足，雖然不算很大的空間，但是該有的都有了。而且幸運的是，我沒有一般主婦的煩惱，因爲坪數不大的關係，房間整理起來很容易。

過了不久，我們發現了這個房子的最大缺點。通風不良的問題令人有些煩惱，所有的對外窗都向著同一面，而那一面是防火巷，正對著一排餐廳後方的廚房。

左邊是豆漿店，右邊是中華料理。

清晨的時候，濃濃豆漿的味道會傳進臥房，我跟彼得都喜歡豆子的香味，一切都很好。

麻煩的是中式料理店。每次他們一烤起魚來，分量一多，或香或臭的魚腥味就會飄進客廳，好像我們家也是餐廳的一部分似的。

「魚又來了！魚又來了！」幾乎兩三天一次，我們夫妻就會從打電動的姿態，立刻跳起來關窗關門，打開香氛活氧機。真的受不了的時候，我們便像難民似地遷移至臥室。

「我還想要玩電動……」幸好我們的隔間是玻璃門，因此彼得可以站在臥室門口，隔著臭味拿著搖桿繼續玩。要是當天餐廳烤的是骰子牛肉，他倒是沒有什麼意見。

對了，最近豆漿店來了新的洗碗工，他習慣坐在防火巷一邊洗碗一邊唱歌。

奇妙的是，這個洗碗工的聲音宛如天籟，而且喜歡一整首一整首地唱，副歌還會重複唱兩次，跟聲樂家發專輯簡直沒有任何不同。每次他一開口唱，就會至少唱三十分鐘，伴隨著碗盤碰撞的聲音，實在很享受。他可能不知道，彼得與我是他的忠實粉絲，金嗓一開，我們便立刻把臥室的窗戶打開來，以便聽得更仔細。

In the jungle, the mighty jungle
The lion sleeps tonight
（在叢林中，偉大的叢林，獅子今晚睡著了）
In the jungle, the quiet jungle
The lion sleeps tonight...
（在叢林中，寂靜的叢林，獅子今晚睡著了）

「要不要給他鼓個掌？」歌曲結束時我問彼得。

「他實在唱得很好啊，」彼得先生說：「尤其是那幾首迪士尼的歌，讓我好想跳舞。」

「我家門前有壞人，後面有按摩。」我忍不住高歌起來：「豆漿店裡食物多，小姐赤裸裸……」

不管別人怎麼說，我很以我們的小房子爲榮。

一房一廳一衛，富有音樂藝術與歡樂意境的房子，偶爾有深海魚的味道。

以上，是我們房子的優點分析。以後賣房子的時候，我要在房屋仲介網站上這樣標明。

3

回不去的少女時代

The Age of Innocence

有一天我獨自一人待在家裡面，突然，我聽見門外的人用非常快的速度按了密碼。

彼得先生在下一秒鐘衝了進來。

他的身體呈現「く」字形，兩腳像青蛙一樣外八小碎步暴走。

「喔唷，我的肚子好痛……完了完了……唉唷唉唷……」

他發出假音慘叫，衝進廁所前還不忘拿手機充電器。

接下來我就聽見一些不是很浪漫的實物落水聲，以及彼得先生正在用App玩打獵遊戲的配樂。

等彼得從廁所出來時，已經判若兩人了。

他輕盈地彈跳到單人沙發上，「喔，我大了一鍋。」他高興地以自己發明的計量單位表示。我皺起眉頭。

接著，身心舒暢的彼得，悠悠地發表了一套理論如下：

「我覺得有一件事很玄，就是身體好像知道什麼，當你想上廁所的時候，本來都還可以忍耐，但越靠近家門口，感覺越強烈，像火山爆發一樣，完全無法壓制。」

「你是說，你的大便有靈性嗎？」我問。

彼得先生露出解數學題目的神情。

「不只這樣，腸子啊、膀胱啊、肛門啊，我覺得**他們都有獨立的靈魂**。他們心裡知道自己快到家了。」

我真想反駁他，可是彼得一副絕對是這樣沒錯的臉，讓我的喉嚨有種莫名痠痛的感覺。

「真的啦，我沒有亂說，」一頭亂髮的彼得先生，伸出食指向我保證，「妳不信的話，下次肚子痛的時候，站在門口不要進來就知道了……」

趁假日的時候，整理房間。

不想要出門，待在家裡東張西望，看著堆積如山的東西像一隻灰色的大象躺在身邊，心情很鬱悶，我拿出黑色的大型垃圾袋，決定要清爽地過日子。

第一步從浴室開始。

打開櫃子，平時客人來的時候，所有東西都會被丟到這裡來，我彎著腰，拿出缺了兩齒的鯊魚夾，沾滿奇怪毛髮的圓梳，吸油面紙，連續十二袋的小包裝洗髮精，已經沒有一張面紙存在的面紙盒，竹編的收納圓筒裡面有過期的唇蜜，飯店提供的浴帽，數十條紅色跟黃色的橡皮筋，可疑的綠色塑膠袋，後面接著滾出大約七到八顆的白色樟腦丸。

明明年紀不算太老，但自己怎麼會有這麼多不屬於少女的東西，我也不明白。

我記得少女的時候，抽屜一打開，總會有一些可愛的貼紙，粉紅色的包包，裝著鵝黃色的鉛筆盒，有卡通櫻桃形狀的髮圈，藍色的吸油面紙，桃紅色的皮夾，裡面夾著香水噴過的紙片。那時候煩惱的事情，主要集中在皮膚狀況跟段考模擬考題。

那個我去了哪裡？那個少女怎麼沒有跟著我來到這裡？

蹲在浴室裡與滿地雜物共處的時候，我這才發覺十年過去了。十年前的我不認識十年後的我，十年後的我不屬於十年前的我。

不如先吃飯好了，整理到一半，我把樟腦丸集中起來以後，就穿上外套準備出門。少女時代的我，絕對不會像現在的我一樣，注意力不集中，流著口水只想著焢肉飯加筍絲和滷白菜。我變了，時間到了就餓，或許彼得先生說得對，肚子裡的器官，有自己的靈魂。

黑色鯊魚夾喀喀喀地張開缺牙的嘴咬住我的大腿肉，好像還可以用，我捨不得丟。

試著想一下以下的詞句：

「分泌物、爆炸頭、髒內褲、打呼。」

請用盡你的全力，盡量浪漫地美化它。

「分泌物、爆炸頭、髒內褲、打呼。」

想辦法將這四個詞造成一個句子，讓它唯美起來。

「疲倦的爆炸頭女人身邊躺著打呼的男人，髒內褲上有奇怪的分泌物。」

是不是很難？不用說這當然很難，所以我說婚姻跟戀愛不一樣，戀愛很唯美，婚姻比較難。

吃早餐的時候，我跟彼得喝了很多奶茶，奶茶對於我的消化系統有很大的助益，當我需要幫助的時候，我就跑到附近的早餐店喝熱奶茶。

「妳有感覺了嗎？」坐在對面的彼得先生面露關切的表情。

「嗯嗯，快了。」我說，「快了快了……」

「那該怎麼辦，我們兩個同時有一樣的感覺。」彼得悄聲說道：「喔咿，看著妳的臉，突然感覺好強烈……」

「那我們快回家吧，我等不及了……」我抓起皮包，想要付帳。

「錢我付就好，妳先回去準備吧。」彼得拍拍我，「記得要洗乾淨喔。」

當彼得站起來去結帳的時候，隔壁桌正在用餐的阿公與阿婆用一種很奇怪的眼神看著我們。

絕對不是你們想的那種乾柴烈火的事情。我想要解釋，可是一時之間腸胃劇烈攪動，也不知道該怎麼說。

我們小小的房子，只有一間廁所。

每天跟彼得搶廁所，就跟小學生每天都要去合作社一樣爭先恐後。

「走開走開走開！」

「我先我先我先！」

我每次都要揮著手，用幾乎滑壘的姿勢衝到馬桶上，門都還沒關好，褲子已經脫了一半。

這其中當然是有其原因的，因爲彼得先生上廁所的時間實在太漫長了。

到底可以有多久？

若用文雅的方式解釋，他每上一次廁所，我便可以寫完一篇雜誌專欄。或是，新聞節目可以從政治焦點到天氣預測完整播完。

婚姻教會我的其中一件事，就是如果我有一點想上廁所，卻好心地禮讓彼得先生的話，後果往往不堪設想。

在客廳等待上廁所的感覺，很像在診間等著跳號一樣。明明你是下一號，可是紅色燈號就是在前一個卡住，實在相當痛楚。

「我想到了。」有一次我實在忍不住，衝進廁所跟彼得說，「既然你一直卡在這裡不出來，我們得發明一個兩人可以同時使用馬桶的方法。你知道的，小房夫妻百事哀。」

人坐在馬桶上的彼得放下手機電玩，就像良家婦女看到流氓似地，他抬起頭來，警戒地看著我：「喂，不要過來，妳想要幹嘛？」

「不要緊張嘛，」我笑嘻嘻地靠了過去，用狼看獵物的眼神打量著他，「我剛剛在外面等的時候，想了好久終於想到了一個辦法……」

「嗯哼嗯哼……這樣這樣……麻煩一下……」我移動彼得先生的肩膀，請他轉身抱著水箱，「欸欸，這位先生，請儘量配合，往那邊靠過去喔……」

在我的指示之下，此時彼得光著屁股，反方向坐在馬桶上，前胸不自然地緊靠水箱，「妳到底想要幹嘛……」他不自然地揮舞雙手，轉過頭再問了一次。

接著我背對著彼得坐下，低頭查看我們兩個的屁股與馬桶的相對位置，我們夫妻兩個人就像背對背的兩隻青蛙，腳開開地一起坐在馬桶上面，肉貼著肉，但誰也看不到誰。

「嗯嗯，這樣這樣……果然可行……」我滿意地表示，「你看吧，藉由這個姿勢，從此以後，我們可以一起共用一個馬桶。」

彼得先生露出難以置信的神情看著我，他困難地低下頭看了一下。

「妳到底想要幹嘛啦？」背對著我的彼得先生，被擠得退無可退，心情似乎很差。

「所以我說，路是人走出來的，方法是腦袋想出來的……」我很得意自己發明的小空間大利用，鼓吹彼得趕緊繼續完成上廁所的運動。

「你要不要試著上看看？」

「神經病……」這時青蛙彼得終於拒絕配合，他呱呱叫，跳起來拉上褲子沖了馬桶跑走了。

婚姻很難，沒有兩個廁所的婚姻更艱難。

有天我發現，不只是我失去了少女時代，我的高中同學彼得先生也老了。

「我覺得我變老了。」有一次彼得坐在沙發的一角，神情黯然地表示。

「發生什麼事？」

「我最近上廁所，一邊尿尿都會忍不住一邊放屁。」彼得懊惱地表示。

「啊？這是什麼意思？」

「尿尿的時候，噗噗噗的放幾個屁，好像屁股鬆掉了，控制不住屁股的機關。」

「這算是老化的徵兆嗎？」我不明白地發問。

「問題是，我小時候都不會這樣啊。尿尿跟放屁，應該是一件事歸一件事嘛。」

彼得向我說明：「我跟妳說，以前在公共廁所排隊的時候，前面的阿公也會這樣。」他睜大眼睛向我保證：「只有歐里桑才會一邊尿一邊放屁，這是常識，絕對是老了沒有錯。」

關於彼得先生的老化情形，還有其他幾個症狀如下：

他躺在床上睡不著，倒是常常坐在沙發上看名嘴辯論看到睡著。

他的雜物堆積在客廳的桌上，每次看他張著嘴，偶爾抽動兩下，那昏睡的臉令人發笑，到底童話故事裡，白馬王子是怎麼含情脈脈地吻上沉睡中的白雪公主的，白雪公主睡那麼久不會流口水嗎？對我來說，真是百思不得其解。

彼得先生的呼聲，曾經讓我徘徊在憂鬱症邊緣。剛結婚的前面幾個月，我幾乎沒有一天睡到天亮，呼呼呼大型動物般的原始叫聲，總在夜半傳來。我推彼得先生的身體，他翻身過去，接著一分鐘後發出犀牛的聲音。獅子大象狼狗大猩猩，各種非洲草原的動物一一上場表演，順序沒有一定。

「我才沒有打呼。」看著黑眼圈的我不斷抱怨，彼得先生斬釘截鐵地表示。

「以前你的家人都沒有說過嗎？」

「我阿媽才會打呼，我本人不會。」彼得先生強調。

「我下次一定要錄起來，不讓你狡辯。」

結果我從來沒有錄影。每天晚上，我好像一直推著石頭上山的工人，做著翻滾吧彼得的工作，二十四小時的職業婦女，哪來力氣錄影。

孕婦有產後憂鬱症，我覺得自己有婚後後悔症。每次看到幫寶適的尿布廣告，強調寶寶的黃金睡眠時間，可以幫助大腦發育，我都有想哭的感覺。

有一次，我和彼得先生去住飯店。

櫃檯人員告知我在網路上訂錯了房型，所以變成兩張單人床的房間。

一開始我有點不開心，畢竟是小夫妻的新婚小旅行，居然睡在兩張床上，太有距離。後來我想，嘿，這豈不是天賜良機？婚後第一次，我終於可以恢復單身，自己睡一張床，距離彼得的打呼聲遠一點，實在太美妙了。我心裡打著這個主意，偷笑了好幾次。

夜晚到了，在幽幽的樹叢後，恐龍開始呼喚。

我的睡眠越來越淺、越來越淺，最後終於張開眼睛。

那一刻想打人的心情，實在強烈到我無法說明，彼得轟隆隆的呼聲布滿了整個房間，哪是一張床兩張床可以解決的問題。我伸出手，想要推彼得的身體，可是我推不到，恐龍在海峽的另一邊做著美夢，的確是一張床兩張床的問題。

我極力伸長了手，中指和食指勉強搆到了彼得先生的背，可是我又沒有練過少林武功，單用區區兩指無法把這具龐然大物翻過去。

「哎……呀……喲……咿……」我不放棄再試了一次用腳踢，這次幾乎讓自己重心不穩跌到床下。恐龍在侏羅紀時代睡得香甜，我氣得說不出話，簡直可以把十根筷子一起折斷，沒辦法只好乖乖下床，走到隔壁推了彼得，在他的頭底下墊好枕頭，再躺回自己的床，享受幾分鐘的安寧。

呼呼呼呼，隆隆隆隆，轟……轟……轟……

咕咕咕咕，摩……摩……摩……

彼得先生神情安詳，卻持續地發出老舊摩托車發動的聲音。忍不住懷疑，到底是哪個古人曾經說過，只羨鴛鴦不羨仙哪。

「這樣不行，這樣絕對不行……」夜深人靜，下床上床來回幾次的我，平躺身體對空揮拳，自言自語：「我來思考一下……快點用腦袋思考一下……」

「啪！」地一聲穿著睡衣的我在單人床上盤腿坐起，我緊緊壓著太陽穴，像一休和尚一樣冥想起來。

考考你！儘管考！

怎麼辦，小妍妹妹實在太吵了。

科學家說得沒錯，人類的大腦，平時只用了不到百分之五。

靈光一現，我跳下床，從行李箱拿出自拍神器，把手機夾好，伸長了桿子，剛剛好可以從我的床上，搆到另一張床上的彼得。

做法簡單明瞭，人人都會，只要彼得一發出鼾聲，我就拿起自拍神器，戳一戳在另外一張床上的他。

「呵呵，他的脖子最敏感。」像個殺人犯似地有了心得，我找到了特別的樂趣，在深夜裡神經兮兮地一面戳彼得，一面發出得意的笑聲。

啊，原來這就是少女不懂，而我終於懂的事。

我向自己的少女時代瀟灑地揮揮手，這一刻開始，我張開雙手，轉身擁抱人妻的智慧與生活。

4

誰比較蠢

Dumb and Dumber

星期六晚上，一個人，正在趕稿寫文章。

自從結婚以後，對於愛情的感受變了，我把家裡的燈關得暗暗的，喝下一口香甜的熱巧克力，努力讓自己陷入初戀情境中……

「……他們變成了朋友。一起放學等公車……有一天晚上，過馬路的時候，在安靜中，他牽了她的手……」

寫到這裡，我停了下來。彼得先生在浴室問：「可以開燈嗎？我看不見浴巾在哪裡。」

專注。

「嗯嗯……他們變成了朋友。一起放學等公車……有一天晚上，過馬路的時候，在安靜中，他牽了她的手……」

劇情很老套呀，我想。

於是忍不住把文章的句子改成：「有一天晚上，過馬路的時候，在安靜中，他簽了六合彩……」

接著非常幼稚地，自己在房間裡笑個不停。

子。

《親愛的彼得先生》出書的時間定在十月，意思就是，最遲我必須在八月份交出全書的稿子。

想起來有點恐怖，從結婚以後，我從未一口氣寫完一篇正經稿子。

我覺得很茫然，好像夢想在北邊，人卻一直往南走的感覺。

常常有人說，書寫不出來，好似生孩子時難產，然而我目前的狀況更糟，我肚子裡空空的全是脹氣，是假孕的徵兆。

爲此我感到嚴重的焦慮不安。

「你說我該怎麼辦？光是工作，就足以讓我累得像隻狗。」我倒在汽車窗戶上痛苦地抱著頭，「更何況是結婚以後，我嫁雞隨雞，每天跟你看電視玩手機……」

看著我東倒西歪地表演著舞臺劇的悲苦角色，彼得一面開車一面抱著歉意說：「嗯嗯，不好意思，眞的好像是這樣啊。」

「從今天開始，我每天要寫一個小時的稿子。」我握緊雙拳，發起雄心壯志，「你覺得怎麼樣？」

「很好。我支持妳。」彼得給我一個燦爛的笑容。

「可是在那一個小時裡，你也要做一件什麼事才行。」

「那我去運動。」彼得一面轉著方向盤一面思考：「我可以去旁邊的小學投籃。」

「不行不行，」我搖起手來，大聲反對，「你最喜歡的就是籃球啊，一天到晚都在投籃。這一個小時，你要像我一樣，特別做一件你很想完成，卻總是做不了的事情。」

彼得沉默不語。

車子開過了市民大道，臺北的夜晚燈光閃爍，新聞正熱熱鬧鬧地談著即將到來的選舉，每個人都洗心革面，胸懷大志，對著鏡頭說，要將自己奉獻給人民。

「那麼我來閱讀好了。」過了一陣子彼得彷彿下定決心，「我自從畢業以後就再也讀不完任何一本書了，我跟妳約定，以後我每天都讀一個小時的書。」

我們握手和議，這是夫妻雙方的誓約。晚上用餐過後，我們兩人關掉電視，計畫開始實行。

我拿了一個碗，把兩支手機跟三支遙控器放進去，「電器SPA。」我說。

家裡安靜得連冷氣機的運轉都聽得到。從今開始，婚姻生活中，每日插入令人坐立難安的一個小時。

彼得在十五分鐘內，換了兩本書，我聽見他窸窸窣窣地發出微小而困難的閱讀聲音。

而我在同樣時間裡，寫了三個軟弱無力，各自只有一百字以內的主題。

大多數的時間，我們兩個都在互相偷看對方的一舉一動。

「啊，我知道該怎麼做了！」半小時後，彼得先生拿起一本書，躺在地上側著身體抬腿，他展示著一邊閱讀一邊做肌肉訓練的模樣，看起來很滿意自己的狀態，「我告訴妳，同時做自己擅長跟不擅長的事情，混合起來，就像**刨冰一樣酸甜有滋味**。」他拿的那本書是《生命中不能承受之輕》，我想米蘭昆德拉寫這本書的時候一定沒有想過自己的讀者竟如此多元。

看著彼得上下晃動的腿，我微張著嘴，想要說些什麼表示意見，但是一瞬間找不到字眼，就在這時，他把書架上我最鍾愛的一本書一腳踢下。

啪嗒啪啪啪，啪嗒。

厚厚的長達六百頁的犯罪小說，發出悽慘聲響，像老奶奶踩空一階樓梯，連滾帶爬地摔落。

「哎喲，抱歉！誤踢。」因爲成功地吸引了我的注意，彼得先生高興地叫了起來。

時間滴答滴答地流動，像老男人站在小便斗前尿尿，一滴一滴地不知道何時是盡頭。

「欸，好了嗎？」

一個小時的Ｋ書時間來到最後五分鐘，彼得全身發癢地看著我，他手裡拿著小時鐘，像隻瘦巴巴的小猴子，哀求著吃香蕉的時候到了。

「喔唷我好討厭我自己，」我用力抓著頭髮喪氣地表示：「剛剛的一個小時裡，我寫的東西都不能看啊，我到底憑什麼跟出版社簽約啊……」

「沒有關係啦，妳不要難過。」彼得先生拿了一條麵包，靠過來好聲好氣地安慰我：「坦白說剛剛那些書裡面的東西，我看了也都記不得啊……」

他樂天地嚼了嚼口中的巧克力派司，向我擺了擺手：「妳想想，如果這兩件事情同時發生的話，也就相互抵消了喔。**作者跟讀者，誰也沒欠誰不是嗎……**」

上次有個朋友跟我說，她跟男友提到我的名字，她的男友立刻回答：「妳說的葉揚，就是她老公很像白癡的那個女生嗎？」

我開始檢討自己是不是很對不起彼得。

想來想去，我覺得錯不在我。

每天跟彼得說話，話題裡面都是很白癡的事情。

舉例來說，最近彼得先生因爲身上長了許多多餘的肉，而感到相當困擾。

我想起這十幾年的交往期間，以前的同學曾說他長得像仔仔，後來有同事說像周潤發，接著又有人提說是晚期比較福態的周潤發，現在事情一發不可收拾，居然有人說彼得像綜藝節目的小鐘……

「唉唷，我眞的很肥。」

彼得先生難過地拉著上衣，襯衫上那排釦子，非常勉強地跟對面的洞口抱在一起，好像地震過後的受災戶，努力抱住自己年幼的孩子，地表卻不由自主地從中間漸漸裂開的感覺。

「我一吃完飯就開始脹奶，連自己都不明白到底是什麼原因……」

彼得先生一面摸著雙下巴，一面感嘆地表示：「要是，要是我臉上跟身體的肉，可以轉到別的部位就太好了……」

「像是轉到哪裡呢？」我問。

「像是……」彼得先生歪著頭，非常認真地考慮起來。

對女生來說，把肉全部堆到胸部，是合理而完美的選項。可是男生到底該拿脂肪怎麼辦，我也覺得很困難。

「啊，要是我所有的肉，都可以轉到腳底板就好了。」

彼得先生好像解開宇宙之謎，露出自己很聰明的得意貌。

「腳底板？」

「對啊，這樣一來我還可以再長高一點。」

「你有沒有想過，這樣的話，」我用左手的拇指跟食指，拉出十公分的距離，「你的腳底板會變得無敵厚，沒有鞋子可以穿。」

我想到前幾年時尚圈流行的，劉眞老師很喜歡的前高後高厚底高跟鞋。說實在地把全身的肉轉到腳底，根本就是思慮不周。

「誰說的，我可以穿靴子啊。」彼得先生反駁。

「你才穿不下靴子。」

「可以特製喔，我上次看電視說，郭富城的鞋子都有特製。」

彼得補充說明：「而且腳底板很厚很軟的話，走路都不會痛，冬天地很冰也沒關係，要是不小心踩到圖釘，傷害好像也小一點……」

「欸，我不明白我們爲什麼要討論這個話題耶……」我坐直了身體，「好好的一個週末夜晚，我們爲什麼要討論你的脹奶跟腳底板？」

望著彼得先生列舉說明他的腳底板功用時，我有種一切都很荒謬的感受。

「對，不能再失敗了，要專心一致。」彼得先生握起拳頭，眼神突然跟國父孫中山一樣堅定，他熱情地宣布著：「讓我來研究一下怎麼把肉轉到腳底去，全人類都熱切期待這樣的發明。」

另一個跟彼得先生談話的例子，是有天我們正經八百地談到了人生的挫折。

「喂，小時候，你有沒有遇過挫折的事？」

週日下午，彼得與我一起看完林書豪的紀錄片，這位華人球星，小時候經常受到種族歧視，但他專心一致，浴火重生。

「當然有啊。」彼得先生回答：「我小時候上音樂課唱歌的時候，老師笑我的聲音很像烏鴉在叫，害我很難過啊……」

「爲什麼好端端地全班一起唱歌，老師會提到烏鴉呢？」

「因爲我們正在學唱一首名叫烏鴉的歌。好像是說烏鴉很孝順父母，知恩圖報的歌。」彼得先生搔著腦袋，懊惱地說：「然後好死不死，老師發現我根本就是烏鴉本人……」

事實上，說起白癡這件事，我跟彼得先生算是蠢得不相上下，這大概也是爲什麼，我們會成爲夫妻，決定一生相守的原因。

當我看到書架跟廁所，都各有一本名爲《與神談生死》的書的時候，我簡直不敢相信自己的眼睛。

因爲我胳膊裡正夾著，剛剛才從博客來網路書店寄來的，第三本同樣的書。

「啊啊啊，我要崩潰了。」我雙指壓著眉毛，爲了自己的愚蠢痛苦呼喊時，彼得從房間裡跑了出來。

「發生什麼事？」

「我完全不記得自己買過這本書。」我把三本同樣橘色封面的書並列排在他眼前，「你看，所以我現在有三本全新的《與神談生死》。」

「看來，妳也不是大家說的腦袋那麼好嘛。」好像守在樹下三千年終於等到兔子似的彼得，露出得意的表情。

「這下怎麼辦啦？」我扠著腰，抓著沉甸甸的《與神談生死》，這本書絕不是送人自用兩相宜的好選擇。「快用你的金頭腦幫我想一下。」

彼得把三本書當作啞鈴拿在手上晃，他苦思一番後說：「不然這樣，妳可以靜下心問問神，除了談生死以外，可不可以談一下**批發價**這件事。」

一天晚上，彼得先生在電視上看瓊斯盃籃球比賽，我在一旁上網。

他看得很興奮，「哎呀怎麼回事，陳信安又跑出來打了，我都不知道……嗯嗯，不愧是籃球員，妳看他的身材還是保持得那麼好。」

我被他吸引，放下電腦一起看比賽。國際賽事，臺灣對韓國。

「喔，林志傑的髮型太妙了，不知道我剪這樣好不好看……」

「妳有聽到嗎？教練叫毛加恩毛毛……毛毛、毛毛，真可愛……」

就這樣，我們邊聊邊看，四節打完，兩個多小時過去了。

最後時刻田壘投出關鍵三分球，逆轉比賽，臺灣隊贏了。

「啊啊啊啊！」彼得先生高興得蹦蹦跳跳，就在這個時候，我聽見球評說：「娶某前，生子後，田壘果然是準新郎官，氣勢正好！」

「咦？」站在沙發上的彼得突然冷靜下來，他疑惑地抓著頭：「田壘不是早就結婚了嗎？」

「咦？」我也大惑不解，「對啊？」

此時電視螢幕出現二〇一二的標誌。

「什麼？」我瞪大眼睛驚訝地說：「難道這是二〇一二年的比賽？」

「哎呀，怎麼會這樣？」彼得先生後悔莫及，他痛苦地抱著頭叫了出聲：「我居然花了這麼久的時間，看三年前的比賽，替三年前的球員加油……」

前陣子我在臉書上有寫，我很怕鬼，卻在彼得先生不在家的晚上看了《厲陰宅》這部鬼片。

然後我整晚一個人在家，燈火通明，一個人睡不著直到早上六點。

我看了《康熙來了》，無效。《新聞龍捲風》，無效。

窩到床上，我把村上春樹的書打開來看。

婚後我一直很希望有自己的時間可以看小說，可是這次村上春樹救不了我，他厲害的文字，他的孤獨、寂寞，都抵不過書裡的人老是自殺的問題。

（人死掉會變成鬼，鬼會附身在娃娃身上，娃娃躲在衣櫥裡，於是我就開始怕。）

隔一天晚上，彼得先生回到家。

我半夜頭痛不已，嚴重到只好在凌晨四點去醫院急診。

經過一系列精密的檢查，醫生表示，應該不是腦血管的問題，病灶是頭部的肌肉收縮過度。

他替我打了一針肌肉鬆弛劑，三十分鐘後，我就完全康復了。「我都不知道頭部有肌肉……」我揉著太陽穴嘴裡念念有詞。

「是不是最近工作壓力太大呢？」醫生憂心忡忡地提醒我：「妳這陣子晚上有失眠的問題

嗎？身體最重要，不要太辛苦賺錢……」

急診室裡，彼得先生戴著近視一千度的眼鏡，一頭亂髮，用一種非常看不起的表情看著我。

醫生的關心，像燙頭髮的圓形罩，把我的臉烘得熱熱的。

我不敢說，我是有看鬼片之後過度當眞的問題。

「爲了《厲陰宅》而送急診的作家！」

這樣下次電影公司要宣傳時，還能不來找我嗎？

一天下班回家，我一開門就發現彼得正津津有味地觀看HBL球賽。

家裡只有一臺電視，我沒有選擇，只好捧著麵坐在地板上跟彼得一起觀賞。

全場彼得高興地講解這個講解那個，而我就像一個呆子一樣，在旁邊虛心受教。

最後松山高中以一分落敗泰山高中，鏡頭轉到球評的畫面。

「咦，這不是顏行書嗎？」我提出問題。

「對啊。」彼得老師又開始滔滔不絕：「他以前是南山高中，後來念輔大，是中華職籃的控球後衛，他有進過演藝圈，演過MVP情人……（滔滔不絕之講不停，中間省略）……以前也是偶像團體啊，曾經加入55688……」

「哪一個偶像團體55688？」哇哈哈哈哈哈，我開始大笑。

「哎呀，我講錯了啦，」彼得先生看著我把碗丟到一旁摀著肚子躺在沙發笑，趕緊更正道：「顏行書應該是另一個男孩團體 183club 才對……」

我搖著手，簡直喘不過氣來。「你剛剛說 55688 是哪個團體？」我問彼得先生。

「有孫協志、王仁甫的，那個才是 **55688 男孩團體**。」彼得先生斬釘截鐵地又講了一次 55688，那個我天天都在撥打號碼叫車的臺灣大車隊，「喂，妳幹嘛一直笑啦……」

我想彼得先生是人生中最常讓我發笑的人，不過並不是因爲他特別愛我，而是他的愚蠢是以量取勝的。

另一件蠢事，發生在我們兩人走路到夜市時，彼得先生好像想起了什麼，他煞有其事地向我講了一則新聞。

「欸，我跟妳說喔，我有一個朋友跟我講了一個故事。」

「怎樣？」

「就是啊，巴西有一個孕婦，聽說她去產檢的時候，一開始一切都正常喔……」

彼得先生講到這邊時，我立刻想起，這個新聞明明是我跟他講的，就在前一天睡覺之前，我一看到這則故事便立刻跟他分享。

我記得自己還一邊不可思議地搖著頭，一面比手畫腳地告訴他說，這個在巴西發生的事情太扯了，進行剖腹手術後，醫生居然聲稱子宮內沒有嬰兒，一切都是孕婦自己的幻想。

二十四小時後的現在，彼得先生又開始重複講這個故事，比手畫腳的。我望著他水汪汪的大眼睛，簡直不敢相信他完全不記得我講過這件事。

「我聽我朋友說啊，那個孕婦明明在照超音波的時候，還清清楚楚看到自己的寶寶……」彼得先生露出懸疑的神情，開始鋪陳故事。

「嗯哼。」我的聲線平靜無波，臉部保持面無表情，等著他自己想起來。

「結果啊，超誇張的喲，」彼得比手畫腳了起來，「剖腹手術以後，醫生居然跟她說，寶寶不見了！從頭到尾，根～本～沒～有～寶～寶～啊！」

這時彼得先生刻意提高聲量，製造故事的高潮。

「嗯哼。」

「我朋友說，小孩應該是被偷走了，可能被賣掉了。」

「你朋友說的喔？」我憋著笑，不知道怎麼辦才好。

「對啊，我朋友猜的。」彼得先生見我沒有絲毫激動的反應，懷疑地問我：「咦，妳怎麼有點怪怪的……」

「我問你，這件事是誰跟你講的？」我看著彼得的眼睛。

「就我朋友啊。」他答得很自然，撫著胸口，「哎喲，好可怕的新聞耶，妳不覺得嗎？」

「如果啊，你想仔細一點，就會發現你朋友好像就是我本人。」我用手指著自己，終於忍不住爆笑出來，「搞什麼，那個巴西孕婦的新聞明明就是我昨天跟你講的……」

一瞬間，彼得先生的雙頰透出淡淡的粉紅色。

「喔……是喔……怎麼會這樣……」他一直搖著頭喃喃自語，看起來好糗。「我明明記得是我朋友講的……」

哇哈哈哈哈哈，我在人來人往的夜市中，抱著肚子笑得站不直：「沒關係啦，沒關係。」我拍拍他的肩膀，酸溜溜地挖苦他：「你不要難過，可能是你朋友很少……」

緊接著我要說彼得父親的故事。

自從ＬＩＮＥ發明以後，彼得的爸爸就是忠實的用戶。

他很少打字，主要都是丟貼圖跟轉發文章給大家。有好幾次在上班時間，我會收到彼得爸爸隨機丟來一張卡通貼圖，感覺就像是公公站在我面前，嘻嘻嘻地對我笑，場面很溫馨。

在ＬＩＮＥ裡面，彼得有一個大家族的群組，大夥兒都在裡面談天說笑、聯絡感情。除了彼得爸爸以外，主要都是年輕一輩的親戚。

有一天，彼得的表哥貼了一個笑話給大家，所有人都踴躍回應。

隔天，在相同的群組裡，彼得的爸爸貼了一模一樣的笑話，「給大家笑一笑。」他說。

「三叔，這個昨天就看過了啊……」

「三叔，這個不就是○○表哥昨天貼的笑話嗎？」

……

回應此起彼落，彼得爸爸尷尬地沒有再回覆這個話題，他趕緊又貼了其他的幾個笑話。

「天啊，我爸眞的很糗……」彼得滑著手機，搖著頭露出不可置信的表情：「他居然講別人講過的笑話，你說是不是很笨……」

那一刻有如醍醐灌頂，我站在停車場，看著彼得的背影。

孩子果然不能偷生，過了十幾年，我終於知道彼得像誰了。

5

彼得的一家人

Funny Folks

先由彼得的妹妹，這個從小跟彼得一起生活的可愛女生，講述的故事開始。

哥哥啊，其實一直都是很乖的小孩。真的喔，他從來就不會頂嘴。

我跟他差三歲，兩個人一起長大，他很少生氣，大部分時候都非常樂天。怎麼知道哥哥有沒有生氣呢？生氣的時候他都不說話，會假裝我不存在，然後去房間裡寫毛筆字。哥哥小時候學過書法，他說，只要照著描、照著抄，都不用自己想，是很放鬆的事情。

我小時候最容易惹毛哥哥的一件事，就是在他要看籃球比賽的時候吵著要轉臺，廣告的時候他會讓我，但要是我遲遲不轉回去，他就會焦慮、勸說，然後就漸漸轉為不爽。每次我霸占著遙控器洋洋得意，直到他離開座位去拿硯臺準備磨墨時，我就開始緊張。

吵架喔？不會啦，幾次以後，我們不會搶電視搶到吵架，因為我要看這臺，他要看那臺，要是真的吵起來，最後就變成跟爸爸一起看賀一航。

我最記得小學一年級的時候，我剛進學校，有別的小朋友欺負我。哥哥是高年級的學生，我下課時跑到他的班上告狀，請求人高馬大的他進行支援。

哥哥聽完我被打的過程以後，表情凝重，我想著不知道他打算怎麼處理那個壞蛋，沒想到哥哥居然拍拍我的肩膀說：「算了啦，妳既然開始上學了，凡事就多多忍耐好了……」接著就推我回去上課。

那一年他正在校內競選模範生，走的就是息事寧人處處都好的路線。我也從那次以後，知道我哥哥一點用都沒有。

彼得先生來自一個很精彩的家庭，他的家人如果可以畫成卡通，我覺得收視率會勝過辛普森家庭。

先從彼得的媽媽，也就是我的婆婆開始說起，她是個很有意思的家庭主婦，臺南人，臺語很棒，國語則帶個迷人的腔調。

一個星期裡面有幾天，彼得的媽媽會打電話過來，關心一下我們的生活。

「兒子啊，你喔，你的鬍子要去刮一下，不然很難看。

「啊媳婦呢？你們晚上有沒有吃飯，吃什麼？有沒有蔬菜水果？還有你不要跟老婆吵架喔，要對人家好，你看那個王世堅，找小三去旅館，是最壞的示範，不可以喔，結婚以後不可以當那種男人知不知道？

「隔壁那個張媽媽，孫女好可愛，你有看過嗎？走路搖來搖去的，很古錐，像企鵝一樣……

「你爸爸去游泳了，還沒有回來，啊他被工廠倒帳，拿回來好多外套夾克，你們有時間過來拿，你要減肥啦，才穿得下這種時髦的東西，韓國人都瘦到不行，不知道爲什麼會這樣……」

關於我的婆婆最有趣的地方，就是以上這些話題只需一通電話即可完成，話題與話題中間，彼得媽媽幾乎都沒有鋪陳或是停頓，她是個記性很好的家庭主婦，不需要字幕機，打電話可以像播報新聞，一條接著一條，流暢地發表，也像坐電梯一樣，噹噹噹的一樓到了國際精品館，二樓到了仕女內衣睡衣館，三樓到了運動用品與兒童服飾館，每層樓都長得不一樣，每層樓都很值得逛。

每次彼得媽媽打電話來交代各種事項時，我都要把耳朵貼著電話一起聽。

「喂喂喂，兒子啊，我給你們的蜂王乳有沒有在吃？媽媽告訴你，你跟媳婦喔，一天吃一個湯匙的分量，對身體很好，那個是南部農會買來的，成分很天然……水果還有沒有？喜歡吃哪一種的？媽媽削好你待會兒來拿……什麼不要，多吃水果常保健康，你們年輕人就要懂得保養，老了才不會像媽媽這樣……欸，你有沒有看新聞，對對對，黑心商人那一個，我跟你講，你櫃子裡的泡麵統統都丟掉，不能再吃了……什麼我怎麼知道，你櫃子又沒有鎖起來……啊對你爸爸說他牙齒痛要去看醫生，牙齒好重要，你要多刷牙，舌頭有沒有刷到……喔我又想到，最近登革熱，垃圾每天都要拿去丟，要自己注意，人家說冬天就沒有蚊子了，可是臺南一直都嘛是夏天……還有啊，臺北悠遊卡請日本AV女優當代言人，說什麼是為了公益活動，根本就是為了那些肖豬哥啦……好了不說了……」

「太好了，妳終於講完了。」拿著電話的彼得吐了一口氣，表情如釋重負。

「最後一句話，」彼得的媽媽說：「**我在你們家門口，快點出來提東西。**」

彼得小時候，住在一個大酒家的樓上。

那時他們家的客廳是裁縫工作室，樓下的酒店小姐經常請彼得媽媽幫忙修改衣服。

結婚之前，我曾經問我的婆婆，能不能幫我做一件旗袍。

「當然好啊，」彼得的媽媽笑嘻嘻地同意，「不過媳婦我先告訴妳喔，我只會做那種開衩到肚臍跟屁股的……說實在的我已經想不太起來端莊的衣服長什麼樣子……」

「小時候，我常常要幫媽媽把改好的衣服送到酒店去，」彼得回憶起來，他說：「小姐都在休息室裡面換衣服，我長得很可愛，她們喜歡逗我，就用身上的浴袍把我包起來抱住，不讓我走……」

「你說什麼？把你抱住？」我瞪大眼睛。

「對啊。」彼得先生一臉稀鬆平常，好像在講一件再普通不過的事情。

「那她們浴袍裡面有穿衣服嗎？」

「妳說呢？」彼得挑了挑眉，咧嘴笑了起來，「她們經常直接在我面前換衣服啊，露出背跟屁股這類的，唉唷，反正我從小就被酒家小姐吃了很多豆腐。」

這讓我想起當初跟彼得先生交往時，有一次在他們家玩，遇見了一個女大學生。她留著一頭長長的直髮，靜靜地坐在沙發上，讀著一本經濟學原文書。

彼得媽媽從縫衣機後頭拿起一件衣服，說：「改好了，妳去試試看。」

女學生放下書，站起來，拿著衣服走進彼得的房間裡。

等她穿著銀色的緊身禮服走出來時，氣氛全都不同了，她穿著高跟鞋，站到鏡子前，左腳往外一跨，露出一大截長長的光滑的腿。

「這樣夠嗎？」彼得的媽媽拿著剪刀跟別針，「還是要再高一點？」

我的嘴巴開開的，一時之間有點閉不起來。

「這樣可以。」女學生甩甩頭髮，酷酷地又走回去換回白上衣跟牛仔褲，一手抓起經濟學的書。

彼得媽媽一面把衣服摺好，放到袋子裡，一面微笑地對她說：「妳這樣就對啦，留一點看不到，這樣的長度最好啦，神祕感比性感好……」

我用肩膀撞撞彼得，彼得坐在椅子上看電視抓癢，懶得管我。

高中時，彼得是個帥氣的少年，同學對他很好奇，經常在私底下議論他。

有一次，一個男同學去了彼得的家，隔天下課的時候，女生們把他團團圍住，要他說說彼得家裡長什麼樣子。

「他的家很普通啊，跟平常人家一樣……只是……」男同學有口難言。

「只是什麼？」女同學們逼問他，「快說……」

「只是他的爸爸，長得很像流氓……」

十幾年過去了，我依然記得那個男同學說的那句話，還有大家面面相覷的表情。

彼得的爸爸，頭髮微捲，濃眉大眼，是我見過最容易上電視的人。也不知道爲什麼，反正在一群民眾裡面，他就是會自備一道強光，打在頭上閃閃發亮。

彼得告訴我，上週末爸爸去逛西門町，一個綜藝節目在街頭錄影，小鐘就從一群圍觀的觀眾裡，把他拉進去，跟外景藝人比賽喝啤酒，一起玩遊戲。

颱風天水門要關閉，彼得爸爸去移車，記者也跑去採訪他。

「這位先生，颱風要來了，你來移車嗎？」

「對啊。」在電視機前面，我看到彼得爸爸從車窗探出一個頭，笑容滿面地接受採訪。「我趕快跑來把車開到安全的地方。」

「先生你擔心這次颱風的災情嗎？」

「不會啦，有做好準備就不會怕。」

然後記者便對著鏡頭說：「因應颱風來襲，臺北市水門將於下午一時起開始關閉，下午四時完成關閉，呼籲民眾盡快將車輛外移，以免發生危險。」

鏡頭拉遠，專業的記者表情凝重，而彼得的爸爸則是在後面，一手帥氣地靠著車窗，露出一個小百姓掌握最佳時機移車的聰明臉。

每次彼得爸爸上電視，全家人就會聚在一起收看，不錯過任何一次的重播。而彼得的媽媽會在電視機前面，一面吃龍眼，一面評論著「你穿這件上衣釦子也不扣好！」或是「你吃檳榔吃到牙齒不好看。」這類的話。

有一天，彼得的爸爸要出門，他有點感冒，彼得媽媽便叮嚀著：「你出去不要亂吃冰，要不然一直咳嗽都不會好知不知道，你上次感冒就是吃冰吃太多拖著都不會好……」

「好啦好啦。」彼得爸爸覺得不耐煩，揮揮手就走了。

等到彼得爸爸回來後，媽媽一見到他，就指著鼻子問：「啊你剛剛有沒有偷吃冰？」

彼得爸爸不高興，「我說沒有就沒有啊，妳這個女人怎麼這麼囉嗦，一直念一直念……」

這個時候電視新聞開始播報：「彩金史上第二高，樂透強強滾！」

稀里呼嚕好多人，盛況空前，排隊等著買彩券，鏡頭拍著一條長長的人龍，咻咻咻地最後定格在排在最後面，穿著藍白條紋T恤，彼得的爸爸身上。

彼得的爸爸手上拿著一只霜淇淋正在舔。

「還說沒有偷吃冰!?」彼得媽媽孔武有力地伸出食指對著電視，兩眼燒著熊熊的火焰。

我從來沒有看過這麼湊巧的事，總而言之彼得爸爸是我認識的所有人之中，最容易無緣無故走在路上就上電視的人，他天賦異稟、魅力十足，我覺得奧林匹克如果有這類型的競賽項目，彼得爸爸一定可以拿下金牌爲國爭光。

嫁給彼得以後，我才發現原來每個人的家庭，都有自己運作的規則，這個規則外人很難理解，但自己人就覺得理所當然。舉例來說，彼得的家庭，對害蟲有一種信念，認爲不可以直呼其名諱。

比如說，蟑螂叫做張先生，老鼠必須尊稱爲祖哥。

結婚前我去彼得家裡玩時，曾聽過彼得媽媽神祕兮兮地說：「大隻祖哥在板上，跟昨天那些小祖哥終於一家團圓了。」

當時我完全不知道她在說什麼。

直到我看見彼得媽媽捧著一個黏滿老鼠的板子走過我面前時，我簡直要暈倒了。

家庭主婦眞是偉大的生物，彼得媽媽每天都要擦地、煮飯、收垃圾，遇到老鼠一點也不緊張，我聽見廚房咕嘟咕嘟煮著滾水，然後彼得媽媽就高聲喊了一聲：「阿彌陀佛喲……」原本吱吱叫的一窩老鼠突然沉默下來，麻煩就這麼一下子便處理好了。

不過，蟑螂叫做張先生，老鼠叫做祖哥，到底爲什麼要這樣子呢？關於這點，彼得先生的解釋是：「如果你直接講出蟑螂或老鼠的名字，牠們就會有戒心啊。牠會想，哎喲，有人在講我，我要注意，防人之心不可無，這樣我們就在明處，牠在暗處。」

「有這種事？」

「這麼簡單的道理妳也不知道嗎？」彼得用一種看不起人的表情看著我。

「啊啊啊啊，蛛大人。我們家有蛛大人。」

婚姻生活中的某一天，彼得在上廁所，一隻手掌大的蜘蛛停在旁邊的牆上，毛毛的腳，毛毛的背部，緩緩移動著身軀。我趕到現場，望著光著屁股手無寸鐵的彼得先生，他坐在馬桶上，嚇得簡直快要哭出來了。

「從此以後，妳不可以再隨便把陽臺的門打開。」

蛛大人不幸遇害身亡後，彼得先生伸出食指告誡我，好像這一切全都是我的錯。

「可是不開門窗，空氣就不能好好流通啊。」我表示抗議。「空氣不好，人會老。」

「那以後我們都在外面把飯吃完，不要外帶食物回家。」

「外面的電視都不能轉臺，吃飯好無聊。」我提出二次抗議。

「哎喲，我最討厭蟲了，那麼大一隻，妳想想，要是牠有一整個家族，遺傳了牠人高馬大的優良基因，我們就慘了。」

「不然下次我來打。」我說，「我不怕。」

彼得先生很痛楚地看著我，「妳根本不懂，這不是怕不怕的問題。」

接下來的幾個月，日子並不安寧，好幾隻蛛大人與張先生，帶著浩大聲勢輪番上陣，我們小小的家，變成牠們定居的園地，牠們彼此是社區裡守望相助的好鄰居。

「你知道嗎？」我指著自己從電腦Google得來的資訊，驚訝地表示：「一對蟑螂一年可以繁殖兩萬隻小蟑螂哪？」

「噓噓噓，跟妳講過很多次，不要直接叫牠們的名字，」彼得先生縮著脖子，連續抖了好幾下身體，他咬著牙小小聲地警告我：「妳這麼大聲，張先生跟張太太會聽到啦……」

還說不是怕不怕的問題，看著彼得先生四處張望，畏畏縮縮的表情，從頭到尾，明明就是他本人很怕的問題。

有些時候，從家人的記憶中，可以獲取一些彼得的最初樣貌。

某天彼得妹妹跟我聊起天來，她說小時候，彼得會跟她一起玩芭比。

「我們的玩法是，限時間，看誰可以最快把芭比的頭跟手腳拔下來。」

「或者是，我用芭比跟他的聖鬥士打架。」

「他很喜歡那些玩偶嗎？」我問。

「何止喜歡，**哥哥都把聖鬥士放在肚子上睡覺……**」

彼得爸爸也提供了一個故事，他說彼得有一天從學校回來，便鄭重地向家人宣布：「從這個學期開始，你們大家都要叫我劉德華。」

「為什麼？」

「沒有為什麼，因為我跟劉德華一樣帥。」

當時彼得阿媽跟他們住在一起，她不認識劉德華。

「誰是劉德華？」阿媽問。

「就是我本人。」還是小學生的彼得，挺起胸膛大言不慚地表示。

講到劉德華，還有另一則故事，也是從彼得家人那裡聽來的。

彼得第一次跟家人出國是小學的時候，全家一起去香港。

彼得媽媽要兩個小孩自己整理行李。

「結果，哥哥只帶了筆記本，我問他帶筆記本做什麼？」話還沒說完，彼得媽媽已經開始笑了。

「他說，既然要去香港，可以順便請劉德華簽名。」

還有一次，彼得媽媽跟兒子開玩笑。

「兒子啊，世間這麼苦，你還是出家當和尚吧……」

她說一向溫和的彼得，居然生起氣來，他嚴正拒絕媽媽的提議，「不要，我才不要當和尚。」

「你看那些小沙彌，都好可愛……」彼得媽媽問：「你爲什麼不想當和尚？」

小小的彼得氣急敗壞，一面跺腳一面大聲地說：「**因爲我要娶老婆啦！**」

我想起高一的時候，國文老師問同學，大家想要幾歲時結婚？

「三十幾歲？」一些同學舉起了手。

「二十幾歲？」另外一些同學舉起了手。

「十幾歲？」全班只有彼得一個人舉手。

大家都看著彼得，他舉起的手很堅定，沒有放下來。

「這位同學，你想要十幾歲時就結婚？」國文老師以不可思議的口氣問彼得。

彼得點點頭說對。

「你知道你現在就已經十幾歲了嗎？」老師取笑他。

同學統統跟著笑。

彼得一副隨便大家笑我就是要結婚的表情，他把書立起來，把頭埋進去，躲避老師的目光，那個畫面在我的腦海裡無法抹去。

那時候我也有笑。

那時候，年紀還很輕的我，怎麼會知道自己就是嫁給他的那個人。

6

期待已久的蜜月旅行

The Honeymoon Tour

婚後我決定特別為彼得做一件事情，以此展示我對他堅定不移的愛情。

「你希望我為你做什麼？」我諮詢他的想法。

「任何事情都可以嗎？」

「只要我做得到，我一定做。」

「那麼……」彼得想了一想，下定決心地深吸了一口氣：「我希望妳說話不要那麼壞……」

「什麼意思？」

「妳有聽過一個說法嗎？香蕉你個芭樂？」

「好像有聽過……」

「那妳知道這句話的由來嗎？」

「誰會知道這個……」

「這是一個港片叫做《最佳損友》裡面教的，當你很想罵人的時候，就要用水果名稱代替髒話……」

「是這樣嗎？」我睜大眼睛，不可置信。

彼得點點頭。「妳可以試試看啊。」

「欸，在你看來，我常常罵人嗎？」想到自己在彼得眼中是個潑婦，我心裡覺得有點委屈。

彼得更是一臉委屈，他垂下雙眼說：「每次妳不高興的時候，就會對我說：『你是白癡嗎？』這句話好傷人喲……」

「喂，這句話你自己也常常講吧。」我提出反駁。

「話不是這樣說，」彼得先生一臉正經，他解釋道：「當我說妳是白癡嗎，我通常是說妳怎麼這麼可愛的意思。」

「那我也是這樣的意思啊。」

「妳才不是。」彼得搖搖頭，他一副理解甚深的模樣，對我說：「當妳說出你是白癡嗎，妳就是在說我是百分之百的低能兒，完全沒有其他的意思。」

婚禮結束後，我們進入婚姻。

婚姻跟戀愛比起來，兩個人相處的時間多了，甜蜜的部分卻好像水龍頭故障，需要的時候轉不開，滴滴答答地一點一點若有似無，無法順暢地流出水來。

所以蜜月旅行變成我人生中非常期待的事情，我越是寄託在這個假期，越是拖延時間，我想要找一個很遠的地方，去很久的一段時間，彼得先生卻剛剛換了工作，時間很難安排。

我記得兩個人不時地討論著，到底去哪裡好，做什麼好。

夏威夷是第一個選擇。我們都喜歡海。

後來我們又想到，與其去一趟歐洲，不如把錢拿去把整個日本都玩遍吧，這個計畫突然成形，我想到北海道、東京、大阪、京都、沖繩、名古屋，好多我從來沒去過的城市，覺得一切都非常興奮。

有一次，彼得先生在房間裡說，跟團要認識好多人，跟他們聊天，等他們上廁所（講得好像自己是完全不需要去廁所一樣），按時出發，按時回旅館，一個口令一個動作，想到就感到麻煩，好像在應酬。

他會這樣想，令我覺得很意外。因爲彼得先生總是非常悠閒，怎樣都好商量的個性，沒想到居然不喜歡團體旅遊生活。

而我，當了好幾年的業務後，有時候眞的希望，在假期中，可以隨心所欲，不要配合誰去做什麼。

不管去哪裡，我們都不想跟團。這是共識。

然而關於蜜月旅行，兩個人匆匆忙忙地上班生活，就這樣什麼都沒發生，六個月過去了。中間因爲員工旅行，我帶著妹妹去了一趟大阪跟京都。在參觀大阪城購買門票時，妹妹出了一點小狀況，眼鏡掉在中途。當我跟購票小姐用英文說明時，她用日文回答，我聽不懂，用英文再問了一次，她試著用更慢的日文回答，以爲我可以從她的嘴型中，跨越語言障礙，理解她的意思。

那時候我有一個感覺，以我的日文程度（就是零度以下的冰冷狀態），要捨棄跟團玩遍日本，並且保持甜蜜浪漫的兩人世界，恐怕比我想像的難。

一天晚上，我提起杜拜。

我跟彼得先生說，很多年以前，我以一個窮學生的身分去土耳其念書時，杜拜是我的轉機點。「那個機場實在很大。」我說。「連椰子樹都種在室內，豪華得不得了，不知道外面長成什麼樣……」

我正要多說一點時，彼得先生就露出小甜甜的閃亮眼睛，「那我要去杜拜。」他站在床上假裝自己就是阿拉丁站在飛毯上，一面確切地點著頭搖晃著說：「阿拉伯世界太讚了、太讚了……」

就這樣，我們的蜜月旅行計畫，引擎啓動。

當我喜孜孜地向同事朋友公布我要去的蜜月地點時，得到的回覆很兩極。

一些人就跟彼得先生一樣，露出驚豔的神色。

但也有不少人發問，咦？那裡是適合蜜月的地方嗎？不會太人工嗎？不會很悶嗎？

彼得先生很好笑，我回到家跟他提起別人的質疑，他回答：「人工也是很厲害的人工啊，妳看，」他伸出右手指著家裡的天花板跟客廳的牆壁，堅定地看著我說：「妳人生中最愛的冷氣機跟電視，完全就是人～工～的。」

他說得對，可是我有點貪心，每天睡前，都還在網路搜尋。

杜拜的行程大多是團體旅遊，我聽有經驗的人說，雖然城市裡的捷運很高級，可是大部分的景點都到不了，跟團是最好的選擇。

我不放棄，爲了要自由行而繼續努力，後來我找到了一家旅行社，專辦兩人成行的旅行。也是因爲那家旅行社的網頁，我發現了另一個夢想的蜜月地點，模里西斯。

雖然我很喜歡海，但之前一直無法下定決心要去馬爾地夫，原因就是馬爾地夫是一島一飯店的緣故。

我不知道自己個性，能不能一直看著海，動也不動躺在沙灘上兩個星期。

光是想像這個，我就會看到一個畫面，那是蜜月行程的第三天，在小木屋前，彼得先生穿著彩色的短褲在沙灘上挖洞玩，而我坐在窗邊，一面喃喃自語，一面忍不住打開電腦，收 email 跟同事視訊，討論重點客戶與年度業績。

模里西斯不一樣，人很少，除了海，還有山，有野生動物，有斑馬跟獅子，可以騎腳踏車，乘帆船出海，而且光是想到非洲這兩個字，就讓我莫名地想要在深夜用力拍起手來。

「我想好了，我們蜜月地點要去模里西斯跟杜拜。」

「喔？這兩個地方很近嗎？」彼得先生疑惑地摸著頭，「而且模里西斯是哪邊？」

「非洲那邊，就在馬達加斯加的旁邊。」

「馬達加斯加又是哪邊？」彼得的表情就像考試寫不出答案的小學生，「耶？我們要去非洲嗎？非洲不會有傳染病嗎？我不要打預防針……」

我感覺這個問題要解釋很久，於是吸一口氣說：「不要擔心啦，總而言之是很美而且又衛生的一個小島，人很少，沒有打針。」

彼得先生點點頭，自從他知道可以去杜拜以後，就心滿意足地不過問任何行程安排。

「去阿拉伯的時候，我要穿中東的服裝喔。」這是他唯一的要求，他還爲了這個在出發前兩個禮拜，精心地留了鬍子。

「您好，我要去模里西斯跟杜拜。」

在電話中，我跟專辦兩人成行的旅行社這樣要求。

其實在之前，我諮詢過其他好幾家大型的旅行社，服務人員都覺得我瘋了。

但我是這樣的一個人，決心要做的事，就是瘋了也要做。

後來經過了好幾次的討論、協調，旅行社用各式的航空公司組合與假設，替我找好了兩地的機票與住宿，並將我十四天的行程安排妥當，中間到底改了幾次我用手指腳趾都數不清。

從前的我總是認爲，自由行是王道，旅行社已經過時了。不過，當眞的決定要出發到完全陌生的國度時，問題一下子變得很多。

「要訂哪一家旅館？」

「要去哪些景點？」

「交通方式是什麼？」

「點與點的距離跟順序，要怎麼安排？」

「費用呢？能不能再節省一些？」

……

光是這兩個國家的簽證，航班的配合，就手忙腳亂得令人想要直接放棄。我認爲，對忙碌的上班族來說，很有可能在計畫旅行時就惹出一肚子氣，我的心得是，要盡量採取實際的做法，不要過分爲難自己，第一次玩，除非事前時間很多，否則不需要像背包客一樣，一定得全部自己動手，從草圖開始畫。

這次的蜜月之旅，因爲關卡等級很高的關係，我不強求全都自己來破關。

我讓自己像個剛會塗色的孩子，看著塗鴉本裡描好界線的圖案，選擇自己的彩色筆。溝通自己想要的方式，適時地讓專業插手，過程平和、經濟，而且充滿樂趣。

有一些遊客必去的地方，我覺得很經典，還是決定去看看。不過，我堅持留下一些空間，不事先塞滿景點。所以旅行中有幾天，我們目前還不知道要做什麼，到時再決定。當我將大致安排好的行程給彼得先生看時，他閉起眼睛期待地說：「我決定要每天晚上再看隔天的就好。」

終於，敲定了日子，我們要出發了。

上飛機的前一刻，我還在處理工作，蓋上電腦的時候我覺得好不眞實，從戀愛以來，我從未與彼得一起出國去這麼遠的地方玩。眞的可以不收 email 不接客戶電話嗎？沒有網路連結的世界，怎麼有點空虛的感覺？要是我不在的時候，公司生意變得更好我不就糗了？

我深吸一口氣，然後試著花費相同的時間，慢慢把空氣吐出來。

No more planning.

我知道自己需要這個旅行，調整所有腦袋裡的僵硬設定。

現在，我坐在阿酋航空前往杜拜的班機上，彼得先生在旁邊，他脖子圍著毯子，張著嘴巴看卡通《Cars II》。除了要去市場買中東服裝以外，其他要發生的事情，我們都還不知道。

我們在這樣的 uncomfortable excitement 中，踏實地，感受到歡欣鼓舞的十二月，蜜月旅行的快樂。

7

好硬的杜拜

Dubai is too much

異國的機場裡，彼得先生拿起一瓶水，「我好渴。」他說：「我要買水。」

他看了一下標價，一瓶小小的水，售價四塊錢美金（約臺幣一百三十元），好像手被火燙到似地，又把水擺回原位，「哎呀，好貴，不買了。」

「欸，」我把水搶過來要付帳，「這是難得的蜜月，我們夢幻一點，你想買就買，憑直覺行事，這幾天不要管錢的事情。」

「可是直覺叫我喝自己的口水就好。」

「你的直覺太爛了，聽我的直覺。」我抽出鈔票，非常堅持。

彼得先生珍惜地握著那瓶買來的水，他先是一滴一滴地把水沾濕嘴唇，然後再慢慢舔著喝。平常兩分鐘就喝完的瓶裝水，他喝了半小時還剩下很多。

一個包著黑色頭巾的阿拉伯婦女也坐在旁邊，優雅地用吸管喝著水。

「果然是沙漠裡的水，這麼甘美珍貴，」彼得露出幸福的表情，靠在我的肩膀上，他撫著胸口感慨地說：「幸好我的老婆，不會輸給那些石油王國的大富翁。」

睡了又醒醒了又睡，睜開眼飛機已經抵達繁花似錦的杜拜城。

如前文所說，彼得先生到杜拜只有一個心願，就是打扮成阿拉伯人。

於是我們坐車到了舊城區的黃金市場，給彼得先生買衣服。

一開始，我們覺得很不好意思，兩個亞洲面孔的人，說要打扮成阿拉伯人，會不會有點自以為是或太過失禮。

就這樣兩人在假裝買圍巾鞋子與不停推來推去之中，某位店員居然看出我們的終極心願。

「Do you want to try on this?」（你想要試穿看看嗎？）

噴著濃郁古龍水的店員指著門口的阿拉伯服飾問彼得先生。

「Yes, all set, please.」彼得先生臉都紅了，一不做，二不休，決定整套都要穿。

於是店員開始替他打扮。

過程中他一面替彼得先生穿戴，一面愉快地唱著「habibi~habibi~habibi~habibi~」

回來 Google 我才明白，那是阿拉伯文的親愛的意思。

第一套穿好以後，我笑得眼眶泛淚。

因為店裡沒有鏡子，彼得先生不知道自己變成什麼樣子，他一直擺著各種 pose，自信滿滿地問：「怎麼樣，我看起來有沒有很像酋長？」

我搖著頭說不出話來，為他拍了一張照。

幾個好心的店員從四面八方湧上來，對他讚不絕口，

彼得先生的自信又膨脹了兩倍，他興奮地問：「還是，我更像阿拉伯王子？」

玩上癮的我們，接著走進了另一家店。

這次比較不害羞，我直接開口問，能不能替我的先生打扮成阿拉伯 style？

大鬍子店員與年輕夥計立刻動了起來，他們好像第一次看見客人上門似地，熱情如烈火般熊熊燃燒。

他們解釋著杜拜的 style 與沙迦 style 的不同，老派做法與年輕人時尚，為彼得先生換了各種頭巾與造型。純白的、紅色的、黑白的、傳統的、時髦的。

我一路拍照，好像參加神經病聯合舉辦的時尚派對，拍得非常過癮。

最後大鬍子店員突然想起什麼似地問：

「Hey,do you want some thing special?」（嘿，你想不想試些特別的？）

我們兩個快樂地點點頭。

接著，他拿出一條咖啡色的布，將彼得先生的臉包覆起來。

「da～da～da～，塔利班 style !!」大鬍子拍著掌。

年輕的店員跟了過來，舉起手，比出手槍的姿勢扣住彼得的太陽穴，高興地喊著：「賓～拉～登～～～」

就在彼得先生完全傻住的時候，我歡樂地按下了快門。

晚間，我們夫妻住進了杜拜邊陲的沙漠飯店 Al Maha。

這間度假村位於杜拜邊陲的沙漠之中，占地二十七平方公里，相當於三個松山區，度假村內百分之九十八皆是沙漠中瀕臨絕種動物的自然保護區，僅提供四十二間的獨立帳篷房間。

我查了一下，Al Maha 是阿拉伯語「羚羊」的意思，因此這家沙漠旅館具有阿拉伯人強烈個性與沙漠之精神，提供各式獨特活動，像是騎駱駝、獵鷹觀賞與沙漠衝沙。

彼得先生跟我一入住，立刻安排了一項活動，名為落日駱駝。一個小時的路程，能在日落前，騎著駱駝到沙漠中心，喝香檳欣賞風景。晚上五點半，戴著紅色花布頭巾的阿拉伯人，獨自牽了一排駱駝來，大家都興奮不已。

單峰駱駝比我想像的高大，旁邊的旅人說自己有一百九十公分，他雙手伸到最高，才勉強摸得到駱駝的頭。

我知道駱駝不會咬人，也不想吃人。可是我不知道要怎麼坐在上面不摔下來。負責承載彼得的那隻駱駝，脾氣很暴躁，牠因為前面那隻駱駝站起來時撞到牠的頭，於是便不可開交地跟對方打起架來。原來駱駝吵架是這樣，踢來踢去，以死相逼。

「啊……啊……救我救我……」彼得先生無助地喊叫，坐在另一隻慈祥和藹的駱駝上，我心有餘而力不足，只能看著無情戰火蔓延的沙漠。

帶頭的阿拉伯人轉過身，拿鞭子打了兩隻駱駝好幾下，顯然一點幫助也沒有。坐在上方的彼得先生像是廣告片中滑動的布丁，身體搖搖晃晃地不自然抖動，發出緊張的 help、help 聲地求救。

兩隻駱駝纏繞著繩索，呈現九十度直角相互衝撞起來，要說服沙漠動物和平理性地去面對問題，就像協調世界大戰的兩大陣營，需要的不只是智慧，而是蠻力。阿拉伯人最後沒辦法，只好將繩子解開。那一剎那，彼得的駱駝居然暴怒地向前跑起來，牠跑到最前方，挑釁地踢了領頭的駱駝一下，彼得原本背在胸前的相機彈起敲到他的牙齒，發出喀啦喀啦的清脆響聲。

「抓緊。」阿拉伯人叫著：「千萬抓緊。」

「救命啊……啊……啊……救命……救命……」

遠遠地我看見彼得的屁股離開了原本的地方，我腦袋裡先是出現當年林志玲姊姊落馬的新聞，接著想到駱駝腳下無完卵，然後才意識到彼得這下完蛋了。

「不是每個人都像你那麼幸運……」十分鐘過後，駱駝列隊走在日落中，驚魂未定的彼得被移到我的駱駝上，我們兩人一起共騎。他的小腿因剛剛的衝突事件緩緩流著血，牛仔褲上有黑黑的深色血跡，我覺得彼得快要哭了，一直回頭觀察他的臉，他的表情很難用文字說明，好像掉到泥沼裡的水蜜桃，紅紅又髒髒的，滿是委屈。

沙漠像一個安靜的吸嘴，再恐怖的事情也會被一口吞下，無聲無息。阿拉伯人將剛剛抓狂的駱駝，單獨拉在身邊拖著走，不時用眼神警告牠不要輕舉妄動。從我的角度，可以看見駱駝的睫毛，據說駱駝是世界上擁有最長睫毛的動物，睫毛可以阻擋風沙吹進眼睛裡，牠們總是瞇著眼，只靠薄薄的眼瞼看路。

「我說，不是每個人都像你那麼幸運……」阿拉伯人回過身，用簡單的句型安慰我們這對唯一的亞洲人，他臉上帶著神祕的笑，指指彼得的臉，「是你特別 lucky，才能在沙漠裡，坐到這臺法拉利駱駝……」

清晨七點，我跟彼得參加了獵鷹表演的觀賞活動。

獵鷹醒了。牠們一天只吃一餐。

獵鷹出場時，眼睛用特殊的眼罩蒙住，表情奇特。工作人員說，非這樣不可，因為只有閉著眼睛時的黑暗，才能讓這類型的猛禽冷靜下來。

不說都不知道，老鷹的視力驚人，飯店因此還將獵鷹觀賞移至一公里外，因為獵鷹若是離戶外的餐廳太近，牠會盯著餐廳客人盤子裡的東西。

彼得跟我第一次那樣近距離地觀賞獵鷹。牠的嘴像彎彎的鉤子，全身的肌肉強壯有力，我說我看過老鷹瞬間俯衝將野兔叼起，工作人員笑了起來，好像我沒見過世面似的。

「牠想的話，可以拽起一隻羊。」他說。

表演開始。獵鷹的眼神讓人著迷卻又膽怯，牠展開翅膀飛進霧中，消失蹤跡。工作人員會趁老鷹出發後，丟出繩索，這時獵鷹便從意想不到的方向回來，牠算準角度向下一撲，華麗的飛行技巧，一旦瞬間抓住繩索尾端的羽毛，牠就能得到食物。

最大的那隻老鷹，排在最後出場。從介紹中我們得知，牠的翅膀展開有四公尺，喙嘴以撕裂肉塊爲目的，青春期的老鷹，俯衝而下的速度，時速高達兩百至三百公里，動物界的冠軍。牠就像全盛時期的男人，大膽、驕傲，時常飢餓，討厭犯錯，每一秒想的，都是攻擊。

第一次飛行，老鷹便往觀衆席俯衝，速度過快，沒有人來得及閃，我拿著相機，牠的翅膀末端擦過我的小指，感覺像是被石頭磨過的灼熱，相機應聲落地。

工作人員搖著頭表示：「每次都這樣，這老兄只是想炫耀。」

離開沙漠度假村的最後一天清晨，我們在帳篷裡幽幽地醒來，電話響了，傳來服務人員客氣有禮的聲音。

「先生小姐，車子爲您準備好了。」

於是我們開始最後一項體驗，坐著四輪驅動車進了沙漠。駕駛是一位高大的女生，她問我容不容易吐，我高興地搖著頭，「我從來不會吐。」我說。

「她在問什麼？」一臉沒睡醒的彼得發問。

「問你會不會吐。」

「等一下會有什麼噁心的東西要看嗎?」彼得霎時擔心了起來。

我哈哈地笑著,「只是坐車而已啦。」我說。

前方駕駛透過後照鏡看了我們一眼,她綁著一個馬尾,藍色的眼珠,看起來像洋娃娃開著碰碰車。後來才知道,我低估她了。

「請把安全帶綁好,我們要開始了。」她轉動方向盤,向一個至少有七十度的斜坡直線開去,我聽見引擎發出全力以赴的呼呼聲,車子傾斜地爬過一個又一個的沙丘,無窮無盡。我看不到儀表板上的時速紀錄,我只知道,四個輪胎從沒有同時壓在地面上,總是有兩輪懸空、跳動、顚簸,車上的音樂震耳欲聾,好像整臺車都吸了迷幻蘑菇。

要拍照是很困難的。一開始彼得跟我還想嘗試拿起相機,可是我的頭一直撞到窗戶的玻璃,只有身體的部分,因爲安全帶的關係,勉強固定住不動。

「再多撞幾下,我就要因爲腦震盪而嘔吐了……」彼得先生抱著肚子難過地說,我深表同意地點點頭。

車子一度以蝙蝠車的姿勢飛出,接著倒頭栽地掉進一個沙丘,車頭的一半被埋進沙裡,卡住不能動,駕駛推不開門,她打開車窗揮了揮手,另一臺車呼嘯過來,用鎖鍊把車從尾巴拉出來。整趟路程下來,我感覺自己好像在世界的外面,被拋來拋去,搖頭晃腦。

「不舒服要說出來。」寡言的女性駕駛補充了這一句話後,頭也沒回地繼續飆車。這時想下車並不是好時機，我看見沙丘的遠處，至少有二十隻長角的牛羚。

下車以後，我們兩人坐在餐廳裡，一口早餐都吃不下。原來沙漠飆沙是一項刺激與痛苦並存的遊戲，玩命關頭的阿拉伯眞人版，腦會暈，頭會腫起來，跟聖誕老公公坐著麋鹿雪橇完全不同。

我的建議是，對這項體驗還是保持無知比較好，只要玩一次你就會永遠記得，我是說，如果你的頭沒有受傷太嚴重的話。

「欸，眞的還要玩這麼大嗎？」在杜拜 Aquaventure 水上樂園排隊玩五層樓高的滑水道時，彼得問我。

此滑水道叫做 Leap of Faith，高七．五公尺，以挑戰遊客的膽量與人體極限爲目標，水道設計呈現幾乎垂直，可以完全體驗每小時五十六公里的速度衝下滑道的快感。有人說，喜歡玩滑水道，是因爲有飛的感覺。

我不知道爲什麼，突然想起前些日子在捷運車站看到的，臺灣政府的反毒標語。

「拉K一時，尿布一世。」

或許是我覺得自己快尿了。

凡事都要爭第一的杜拜，彷彿高速墜地還不夠兇猛似地，遊客的終點是被推入布滿鯊魚的玻璃水池裡，被恐怖嗜血生物團團圍住。坦白說，不帶著一點信念，相信杜拜富有的酋長並不想把你這個小老百姓活活害死，誰也跳不下去。

「這個滑水道對我來說，跟自殺幾乎沒有差別。」我探頭往下看，心裡有點後悔。

「等一下一定要大口憋氣，不要喝到水喔。」彼得想到了什麼，他警告我：「我告訴妳，這池子裡，一定有很多人尿失禁……」

坐完法拉利樂園裡的 Formula Rossa，目前世界上最快的雲霄飛車之後，我們覺得這一切都夠了。

這是世界上唯一一座需要全程戴上護目鏡的雲霄飛車，位於阿布達比，設計者單用一條直線軌道，沒有太多花招，不會讓人頭下腳上，不會原地翻轉旋空，五秒瞬間加速至時速兩百四十公里，加重達到四．八G力，將人送上五十二米的高度。跟美國職棒大聯盟的威力型投手一樣，一上場，拚的是速度。

排隊時我們發現，法拉利樂園還提供連帽大外套給印度遊客，目的是將他們不願取下的帽子，緊緊固定在頭上。

彼得跟我一共坐了兩次。中間休息了十五分鐘。

第一次嚇呆了，覺得脖子不合理地劇痛。不甘心地再排一次隊，第二次挑戰坐在最前面，隔壁的人的口水還噴到我的臉頰。我沒有生氣，因爲我完全失去思考的能力。

東京迪士尼的地心探險之旅，瞬間最高時速七十五公里；

六福村的笑傲飛鷹，一二二公里。

坐過法拉利樂園的雲霄飛車後，其他的飛車，不過算是非常普通的交通代步工具而已，「往好處想，以後我們不會浪費錢再坐其他的雲霄飛車了。」我向彼得表示，身體還在微微顫抖。

這是我們在阿拉伯的最後一天。天氣很熱，我們吃著冰沙，試圖要鎮定下來。

「好硬的蜜月旅行。」彼得一直搖著頭，「衝沙、坐駱駝、滑水道，然後現在這個雲霄飛車也是很恐怖……」

我頭昏腦脹，沒有回答。

「欸，說實在的，妳是安排這個旅行來檢查看看我到底是不是男人嗎？」

「不管是男人女人，半人半獸，我都會愛你的。」我說。

「這樣說我就放心了。」

就這樣，癱軟在遊樂園的餐廳椅子上的兩個人，許下了對於彼此的終生諾言。

8

與獅子散個步

Walk with Lions

「妳在寫什麼？我可以看嗎？」彼得先生問。

「不行。」我護著電腦，把原本打字的姿勢轉了一百八十度。

自從彼得知道我的下一本書，是關於婚姻的心得之後，他就很關切我的寫作進度。

「有沒有寫我的壞話？」

「有好的事，當然也有壞的事。」我回答。

「那麼那些講我很蠢的事也算好的事嗎？」

「算哪。」

「這樣喔……」彼得坐在沙發上，露出正在盤算什麼的表情。

「有沒有寫一些我的個人特質，或是口頭禪之類的呢？」

「我聽不懂你的意思。」

「就是我經常講的話，說不定以後會引起流行的那種。」

「你想太多了，」我低著頭繼續打字：「我又不是在寫《靜思語》……」

「對了，可不可以寫一些很正面的，但其實根本沒有發生過的事？」彼得先生繼續追問。

「像是什麼事？」我問。

「比如說我是很貼心的人，凡事都為妳著想，」彼得說著說著自己都心虛起來，他雙手合十靦腆地提議：「或是寫一些我很有男子氣概很瀟灑這類的事蹟。」

「你剛剛兩分鐘前，才因為我的書擺在沙發上，書角不小心碰到你一下就抱怨很痛……」

「唉唷那個真的很危險耶，妳書這樣亂放，我的皮膚可能會刮傷。」

我笑了起來，光是想到要描述彼得像是捍衛戰警般無堅不摧的概念，就覺得很好笑。

「我從來沒有聽過很MAN的男人說：『我皮膚可能會刮傷耶。』這樣的句子。」

「男生也會刮傷啊。」彼得抗議。

「但男人刮傷的時候，頂多就是說：『喔，我刮傷了。』如此而已。真的受傷才會拿出來說。『我可能會刮傷』這種假設性的句型，布魯斯威利就不會這樣講。」

「拿布魯斯威利那種狠角色當例子，這也太過分了吧。」

彼得知道我說得對，他反駁不了，於是在安靜了一會兒後，他又緩緩地靠過來悄聲說：「欸，要不然在妳的文章裡，至少提一下說我很貼心嘛……」

模里西斯，號稱是印度洋上的鑽石。

自從來到這裡後，彼得先生就不停地以非常不可思議的口氣說：「非～洲～耶～」

從杜拜飛過來，我們坐了六小時的飛機，如果問我感想，我會說，模里西斯的很多東西，都奢華得讓人啞口無言。

天空藍得毫無瑕疵，附贈的大塊雲朵不用錢。浪頭的聲音很溫柔，不像罐頭音樂。海灘如麵粉似地白沙，綿延好幾公里，你可以一直走一直走，從黃昏到黑夜，原來滿天星不只是餅乾的名字，其實我從來不知道星星彼此可以像信義線通車這麼擠。

我是臺北人，百分之九十的時間住在臺北市，繁華的都市裡，我一向以我的城市為榮，非常滿意。

來度蜜月以前，我最在乎的是飯店房間，房間內沒有網路連線，還讓我有點憤怒。

現在大部分的時間，我都想留在戶外。

這裡，不知道是不是刻意的安排，只有沙灘上有網路。

這麼多年來，我以為我不需要大自然。

可是在海裡漂浮時，我突然想到，原來我就是大自然的一小塊，我只是忘記了。

非洲比我想像的安靜，非常安靜，好像各種壞事都閉著口，不能呼吸。

空氣隨時帶著一種奇妙的甜味，當地人說，現在剛好是砍甘蔗的季節。

我記得每次需要安靜的時候，我就去泡溫泉；需要香氣時，我去精油店。這些東西在城市裡很貴，在這裡卻滿滿地盛開著，不花一毛錢。

為海島假期暖身的第一站，是帆船出海之旅，我們跟其他幾個法國人一起度過一整天。原來模里西斯是法國人的蜜月聖地。

法國人好瀟灑，一上船就開始脫衣服，性感地拿著酒瓶舞動。我跟彼得先生在旁邊睜著眼睛看，他們每個人，都好像名牌泳衣當季的模特兒。

「我太肥軟了。」彼得先生捏著腰際，喪氣地表示。「妳要是早說會跟法國人同船，我昨天就不要吃那麼多。」

過了一陣子，當 where are you from 的種種寒暄結束後，彼得先生熱中地想繼續跟法國人聊天，可是苦無話題。

「欸，既然他們是法國來的，我來問他，你認不認識蘇菲瑪索好不好？」彼得先生高興地提議。

「這跟問香港人認不認識劉德華有什麼不一樣？」我回答。

「還是我問他，你認不認識尙雷諾呢？」

「然後呢？」

「然後我就可以說，我覺得你長得很像尙雷諾耶。」彼得先生露出得意的表情向我解釋，「喔～妳知不知道，讚美對方長得像明星，最容易變成朋友了……」

問題是，那個人一點都不像尙雷諾啊……

我在心裡想著還來不及講，只見彼得先生已經慢慢地，帶著他亞洲肥軟的身軀笑嘻嘻地靠過去了，我看著他快樂的臉，他閃閃發亮的腰間肉，在陽光下恣意搖動，想到接下來的重點行程，不禁爲他擔心起來。

這次的蜜月行程中，在非洲大陸與獅子散步是我的一大重點，這也是模里西斯百鳥園（Casela Nature Park）中，最著名的活動。

我大概花了兩個星期說服彼得先生跟我一起玩。

他不願意，覺得自己會死掉。

「不要，我死都不要玩這個。」在出發前他嚴正地表示自己的立場。

「可是最慘的結果就是死掉，怎麼會死都不要呢？」

彼得先生伸直手臂，在空中畫了一個大大的圓圈。

「獅子的頭有這麼大！妳難道不知道嗎？」

我笑得要命，「才不可能這麼大咧。」我不以爲然。

他瞪著我，一臉嚴肅。

「妳自己去獅子前面跟牠說牠頭很小，看牠本人覺得好不好笑……」

我不知道哪來的自信，覺得跟獅子一起走一段路，是一生中必試一次的事情。

「算了，你不去的話我自己去好了……」我下定決心地說。

彼得先生著急了起來，他搓著手，不知道該怎麼嚇唬我。

最後，他焦慮地表示：「欸，妳再這樣逼我，**我就跟我媽講喔……**」

去跟獅子散步前的一晚，我們在義大利餐廳裡吃燭光晚餐。

彼得先生對於隔天的活動非常猶豫，他手裡握著一片披薩，「要是出事，我就丟這片好吃的披薩引開牠。」他說。

「我相信獅子可以把披薩當開胃菜，回頭再順利地把你一口吞下。」

彼得先生摀住臉，一副哀莫大於心死的模樣。

「嘿，你知道嗎？馬克吐溫有說過：『上帝創造天堂之前先創造模里西斯，而那個天堂其實是依照模里西斯創造出來的。』」

「喔唷……我就要上天堂了，等一下要先打電話回家……」

爲了安慰彼得先生，我開出以下幾個動物的假設話題。

「喂喂，如果選一個，你想跟鯊魚共游，與鱷魚共騎，與臺灣黑熊共食，還是與蚯蚓共眠？」

彼得先生露出我的老婆果然是變態的表情，他想了想後，痛苦地回答：「眞要選的話，**我願意跟恐龍妹共舞。**」

終於，第二天到了。我們在百鳥園裡，簽了人死不能復生，園方也絕對不會負責的契約，每人拿到一根細細的棍子，開始聆聽園區人員的解說。

馴獸師要我們把太陽眼鏡拿下，不然獅子會從鏡片中看到自己，以爲是另一隻對手。

「When they attack, what would you do?」（當獅子攻擊時，你該怎麼做？）

十分鐘的簡易自我防護講解過後，園方人員再次詢問我們，想確定我們有聽懂剛剛的棍子使用要點。

「嗯……」我跟彼得先生突然緊張得一句話都說不出來。

馴獸師露出安慰的眼神，拍拍彼得的肩膀說：「Well... the weather is good, lions should be very sleepy... let's hope for the best.」（嗯……今天天氣還不錯，這種時候獅子就會昏昏欲睡的……總之，讓我們樂觀以待吧！）

「這棍子這麼細……」彼得先生在我耳邊忍不住抱怨道：「要是獅子衝過來，我乾脆一棒把自己打昏，還死得比較莊嚴……」

「你振作點。」我拍拍彼得先生的背，隨著時間逼近，心裡也開始覺得害怕。「好好珍惜我們夫妻一場的最後相處時間……」

最後我說服彼得先生的說法是，我要替雜誌報導這個專題，這趟行程非去不可。

閘門打開的時候，彼得先生用急促的呼吸，問了一連串的問題：

「難道雜誌不能用合成的照片嗎？他們現在都很會修圖不是嗎？像是那些模特兒的大奶跟

屁股啊……在妳旁邊加一隻獅子，應該不難啊？對不對？對不對？」

我推了他的屁股一下，以示鼓勵。

那感覺好像比賽開始前，教練也覺得輸贏難料，卻鼓著一副信心滿滿的胸膛。

接著三十秒後，兩隻雄赳赳氣昂昂的獅子，便似笑非笑地，站在我們面前。

一行一共六人，在草原上，戰戰兢兢同手同腳地跟著獅子屁股走路，園方人員一面解說，與獅子散步的行程，由園區的十隻獅子輪班。

跟我們一起走的是兩隻獅子，一大一小，大的是母的，叫順芭，他們說，這是園區裡脾氣最好的一隻獅子。「從牠出生以來，從沒看過牠發脾氣。」

「還好還好，我女人緣應該還可以。」

彼得先生拍著胸脯安慰自己，出發前他一直覺得自己會倒楣地遇上兩隻雄性大公獅。

小的那隻是公的，正值青春期，還沒長出鬃毛，激動地蹦蹦跳跳，態度在極具攻擊性的猛獸與力求表現的小狗中遊走。牠的名字叫辛波。

一開始的感覺很可怕，幾乎讓人轉開頭不敢直視獅子的眼睛。

大母獅順芭走過來時看了我們一眼，有一種戶政事務所的公務人員問你抽號碼牌沒的無所謂。

小公獅辛波則是很難控制，牠好像第一次出來玩的小學生，想要靠近就把頭湊近你，想要高歌就莫名地大吼，常常跑到遠處的草堆裡躲起來，再突然以高速衝刺跑回來，馴獸師不太駕馭得了牠。

大部分時候，只有母獅子順芭管得了。

順芭會給小公獅一種眼神，跟露出下排牙齒，彷彿資深員工正在說「不要逼我在上班時揍你」的表情，那時小辛波就會安靜一點，恢復牠的菜鳥身分，乖乖走回我們的行列。

「嗯嗯，反正牠們倆不和就是我們生存的機會。」彼得先生有感而發地表示，我們就像是亂世中苟活的小老百姓。

在原野中，太陽漸漸炙熱起來。我們慢慢地走著，一面欣賞牠們兩位的互動。小辛波在散步時，會把臉湊到順芭的屁股上搓揉，讓臉上的蒼蠅飛掉，撒嬌之餘順便抓個癢，要不是牠嘴裡長長的牙老是冒出來，對我來說辛波就是個淘氣的小寶寶。

順芭會在辛波表演爬樹技巧時，以老鳥翹班的態度，溜到旁邊的樹蔭底下坐著休息，牠的樣子只差沒有腋下夾報紙，去泡一壺老人茶。

馴獸師的棍子頂端，包著一塊肉。每當他把棍子抬高，指向樹，獅子就會站起來爬到樹上。當牠們這樣做的時候，特別讓人毛骨悚然，因為牠們比我們高，眼神裡多了一點「只要我喜歡，有什麼不可以」的自由。

小辛波意氣風發地爬到樹上後，居然因為高度問題，一時之間害怕地下不來，這時順芭在底下，龐大的身軀直立起來，「欸，不要讓萬獸之王在這裡丟臉。」牠用長長的爪子推辛波的臀部，叫牠動作快。

「我不知道此時到底是牠的腿還是我的腿比較軟。」彼得先生害怕地說。

當然以倖存者的角度來看，我認爲有幸與獅子散步，是我人生中的高峰。

在進行這項活動時，工作人員提起之前的美好時光。「啊，之前還有更刺激的呢……」他們用著法國慵懶的腔調說英文，「Walk with tiger 喲。」

「與老虎散步？後來呢？」我一面小心翼翼地盯著前方的獅子，一面小聲問：「爲什麼沒有了？」

「這個嘛，因爲老虎長太大嚇到客人了。」工作人員試圖找出合適的字眼，「妳可能不知道，獅子吃飽以後，跟貓咪一樣懶，動也不想動。但是老虎就不是這樣了，牠們一長大，發現誰也攔不住自己，可以 Kill for fun 啊。」

Kill for fun ？

太陽和煦地照著草地，兩隻獅子越走越慢。

「妳過來一下。」馴獸師提議，我提著命走上前去，他一把拉起獅子的尾巴，交到我的手上。「當作卡拉ＯＫ唱個歌吧！」

我腦袋裡一片醬糊，空白中只冒出一首周杰倫的〈牛仔很忙〉。「不用麻煩了不用麻煩了……」我以念經的方式，毫無音感地唱了兩句歌詞，獅子一臉無所謂地打了一個嗝。

我在之前稍稍研究過，獅子咬人的理由，有以下兩種：

1. Bite to Kill
2. Bite to Play

當獅子肚子餓時，牠們會看準你的脖子，一次到位，不浪費任何時間，只求趕快上菜，獵物沒有任何機會。

當獅子只是想跟你玩，他就會花上好一陣子，東咬咬西咬咬，不過整個遊戲的過程中，絕不是雙贏的局面，只有獅子覺得好玩，你一定很慘，有時候，一不小心，儘管只是玩玩，還是咬到致命。

「這玩具好快就壞了。Made in China 嗎？」在牠們的腦袋裡，可能會這樣想。

全程我們跟著獅子後面走，在一個鐘頭的原野散步中，彼得先生幾乎把自己這輩子所有的睪酮素一次用光了。

「千萬不要站到牠的前面，千萬不要蹲下來。」馴獸師這樣警告。

因此我們便呈現，獅子走，我們走；獅子躺，我們坐的行動策略。

「計程車司機都騙人。」彼得先生抱怨著：「他怎麼可以這樣騙人。」

剛剛來到園區的路上，司機告訴我們，獅子的牙齒都被拔光了，咬不死人。

可是完全不是這麼一回事，兩隻獅子都有完整的齒列，在陽光下閃閃發光。

每顆牙齒的長度，都超過人類的中指。也就是說，牠可以用虎牙向你比中指的意思。

中途，突然從遠方，有一陣獅吼聲傳來。

那一刻，順芭跟辛波停了下來。

那一刻，長達好幾分鐘，獅子的頭向右邊，以慢動作的方式轉，最終還回過頭來，以士官長點名的姿態，一個一個，看了後方的所有人。

所有人變成一二三木頭人，沒有一根寒毛敢動一下。

原野的獅吼聲，振動著我們的身體。

兩隻獅子也低吼起來。

那一刻，我感覺到兩件事情：

1. 非洲草原上，原始野獸強大的生命力。

2. 手上只有一枝木棍的人類，除非想要重新投胎，否則眞的不應該出現在這裡。

園方人員解釋著：「那是順芭和辛波的爸媽睡醒了，在叫牠們呢。」

咦？牠們兩個還有爸媽嗎？

那是有多大隻？

「Oh dear... you have no idea...」（喔，親愛的，妳有所不知……）馴獸師看著我，對著眼前獅子的身型伸出兩隻手指頭，露出了神祕的笑容。

9

很壞的B

B is so Bad

彼得先生很少在高級沙龍整理頭髮。

他的媽媽替他剪頭髮到高中畢業，大學的時候，他總是在學校裡附設的理髮院搞定一切。

有一天我帶著彼得到髮廊裡一起剪頭髮。

他被帶去洗頭，回來座位的時候，一臉奇怪的表情。

「剛剛那個小姐，洗我的頭洗了好久。」他說，「我頭被轉來轉去，都要昏了。」

「髮廊都是這樣的啊，洗頭很享受不是嗎？」我回答。

「最後的時候，那個小姐還問我，先生，請問你有沒有需要特別加強的地方呢？」彼得抓著胸口，丈二金剛摸不著腦袋，「欸，洗頭洗到一半，突然問這個很奇怪吧……」

「嗯哼，」我漫不經心地聽彼得說話，真是個沒見過世面，少見多怪的男人。

「那你怎麼回答？」

「嗯嗯，我跟她說，我需要特別加強的地方……」頭包著深藍色毛巾的彼得，他慎重地想了想，紅著臉接著說：「大概是**英文**吧……」

Peter is learning English. 這是今年，我們從蜜月旅行回來以後，彼得許下的神聖願望。

爲了支持他的決定，我在法雅客買了一本英文例句的書給彼得讀，他都在上廁所的時候看那本書，有時大聲朗讀，有時還會自言自語。

我雖然很感動他努力向上學習英語的決心，可是他的外語學習方式實在很好笑，讓我忍不住嘲笑他。

舉例來說，彼得會讀一遍英文的例句，接著把下面的中文翻譯也讀出來。

過程有點像這樣：

Nervous 緊張

彼得先念出例句：「Mr. Smith knew Jack didn't look at the others because he was nervous...」

再接著朗讀中文：「史密斯先生知道傑克不敢看別人是因爲心裡很緊張……」

最後再加上自己的評語：「傑克眞可憐，他一定很想離開那裡，唉，不知道史密斯先生可不可以趕快送他回家……」

Afraid 害怕

例句：「I'm afraid to stay home alone...」

中文：「我害怕一個人在家……」

彼得：「咦，你如果害怕一個人的話，可以去傑克跟史密斯剛剛去的那個地方……」

彼得：「唉，你當然不煩惱啊，你是寫這本書的作者嘛……」

中文：「如果我是你，就不會爲英語煩惱了……」

例句：「If I were you, I would not be bothered by English...」

If I were you 如果我是你

「你都不跟我講英文。」有一天彼得先生從廁所出來，突然有感而發，「都沒有人跟我練習對話。」

我抓著臉，因爲平常上班的時候需要講很多英文，一回到家我總是猛講中文，彼得先生說得沒錯，身爲妻子，我應該跟他一起練習才對。

「好啊，那我從現在開始跟你說英文。」

「對嘛，這樣才對。夫妻就是要同舟共濟。」

「那要說什麼好？」

彼得先生想半天想不出來，我於是先行開口：「How's your day?」

「How's your day?」彼得先生像隻小鸚鵡，居然模仿我的話，回問我一樣的問題。

我只好絮絮叨叨地開始用英文，從早晨開始，敘述起一天忙碌的生活。

「I started my day by writing down the list of tasks I got to accomplish today, reviewed my notes from the previous day, checked my calendar for upcoming client meetings and determine whom I would like to call or email to. I got a client meeting this morning at 10'oclock... It's an annual joint business plan review ...」

就這樣自言自語了五分鐘，我鉅細靡遺地闡述了上午外出的客戶會議，中午用餐的菜色，下午跟內部同事討價還價的過程與客戶來電，入夜後信義區可怕的交通狀況，彼得在旁邊聽我發表，不時摸著下巴，煞有其事地點著腦袋。

「Ok it's your turn now, Peter.」解釋完我的一天後，我把發言權交回給彼得：

「Tell me about your day, I want to know every detail...」（告訴我你今天過得如何，我要知道所有的細節……）

沒想到，這時坐在沙發上的彼得露出靦腆的微笑：「Oh sorry, sorry, can you speak Chinese?」（喔抱歉、抱歉，你可以說中文嗎？）我看著他，他用力搖了搖手，義正辭嚴地表示：「Because I don't speak English at all.」（因爲我完全不會說英文！）

「我不想再讀這本書了。」近視一千度，帶著厚重眼鏡的彼得，把我買給他的英文書丟到床的另一角。「還有沒有別本可以看？」

「爲什麼呢？」我放下手上的小說，看著他憂愁的臉孔。「發生什麼事？」

「我覺得這本書的個性不好……」他評論道，「我不喜歡……」

「啊？」

我把掉到腳邊的書打開來看，取名爲《英語國民會話大全集》的這本書，是一本非常普通的英文學習書，共五百七十四頁，標榜著「連老外都在用的英語」，裡面包含了片語重點說明，接著加上A與B兩個對話例句佐證，總共有一千多句的例句。

「難道是寫得太難了嗎？」

見我一臉疑惑，看不出個所以然，彼得又把書搶了過來，「我是說眞的，這本書個性不好。」他用認眞的表情強調自己的論點：「妳看，這兩個人的對話，每次都好負面，常常吵架，尤其是B這個人，脾氣很差，說話對A不客氣，沒有禮貌，看了就討厭。」

彼得想要證明給我看，便翻了幾頁，一一朗誦給我聽。

短句：Brag! 吹牛

A：You know my father is a millionaire!

（你知道吧，我的爸爸是百萬富翁。）

B：Brag! I don't believe you!

（吹什麼牛啊，我才不相信你呢！）

短句：What do you want? 你到底想怎樣？

A：You've already got all my money. Why are you still here? What do you want?

（你已經得到我所有的錢，爲什麼還在這？你到底想怎樣？）

B：I want your house too.

（我還想要你的房子。）

短句：That's too much. 太過分了！

A：Why did you tell the boss that I am always late? That's too much.

（你爲什麼跟老闆說我總是遲到？你太過分了！）

B：But that's the truth.

（可是那是事實。）

短句：When pigs fly. 絕對不可能！

A：Hey darling! When will you marry me?

（嘿，親愛的，妳準備什麼時候嫁給我呀？）

B：Marry you? When pigs fly!

（嫁給你？絕對不可能！）

當彼得念到這裡時，我已經笑得不支倒地了。

「我說的對不對？B這個人實在很過分，爲什麼A還要跟他說那麼多……」彼得埋怨道。

「你不要就算了，這本書我要珍藏起來。」我把書搶過來，小心翼翼地端詳。

後來，每次心情不好的時候，我就會翻開這本書，把B說的話，好好細讀一番。坦白說，B的敢說敢言，冷酷無情，眞是英語學習界的奇人，他傷害A的不遺餘力，以一貫之的機車精神，總是令我這種鄉愿個性的平民百姓，在心底暗暗佩服。

「總而言之性格非常壞的B。」

想起這本書是如何地惹惱了彼得先生，我仍然禁不住嘖嘖稱奇。

我記得彼得先生在高中的時候，英語程度非常好，可是他很害羞，不太喜歡開口。因爲小時候的基礎打得好，彼得的英文發音很像外國人，他本人長得也有一點像外國人的關係，有時候會出現一些誤會。

有一個小誤會是這樣發生的。

某一天我跟彼得先生興致一來，決定去看家附近的一個豪宅建案。

第一次去的時候，我們開著一臺小車子，接待人員說什麼都不讓我們進去，「我們的房子每戶坪數在九十坪以上，開價都上億喔。」穿著西裝的接待人員語帶威脅。

我們只好摸摸鼻子離開。

後來，我越想越不甘心，於是在週末的時候，跟彼得提議，嘿，反正沒事，等一下我們去看豪宅吧。

「可是上次被拒絕了啊……」

「我跟你說，這次我們不要開車去。」

「對對對，」彼得先生表示贊同，「土財主都是用走路去的。」

我們兩人梳妝打扮，我穿上高跟鞋，帶了最貴的包包，彼得還特地穿了Polo衫，把領子立起來，加上及膝短褲，不穿襪子單穿一雙平底鞋。

「我告訴你，有錢人都這樣打扮。」彼得胸有成竹地表示：「我剛打完高爾夫球。」

這次，不知道是好運還是真的唬過了接待中心，我們順利地進去了豪宅樣品屋的大門。替我們介紹的小姐很熱心地倒了熱茶，她語帶奉承地說：「呀，先生很像是從國外回來的？」

這時彼得先生非常虛榮地點了點頭，每次有人這樣說，他都覺得這是讚美他長得很帥氣的意思。

「嗯嗯，他不太會說中文。」我補充說明。

彼得先生又開心地嫣然一笑。

「請慢慢享用茶跟點心，稍等我一下。」服務人員請我們坐在會議室裡，接著轉頭出去拿文宣。

這時我偷偷對彼得先生低語，「既然是外國人，你等一下就統統都要說英文喔，演得像一點。」

彼得先生肩膀一緊，收起笑容，誠惶誠恐地點點頭。

經過大樓模型介紹，建材介紹，我們終於到了期待已久，美輪美奐的樣品屋。

門一打開，寬敞的客廳與豪華的裝潢讓我跟彼得頓時張大了嘴巴。

「好厲害……」我讚嘆不已。

彼得先生用手輕輕摸著壁爐，趁別人不注意，擺了一些型錄模特兒的動作。

「玄關是全大理石打造。」服務人員開始介紹，「這裡的暗門通向客用衣帽間。」

我發現彼得先生已經沉默好一陣子了。

「喂，你這個外國回來的人，好歹說點什麼，不要像啞巴一樣。」我悄悄地提醒彼得。

彼得搓起手來，變得很緊張。

「我們的設計師，將客廳設計為面寬十二米。」

「Twelve!」

此時空氣中飄盪著彼得突然出聲的英語單字。他果然不知好歹地說了些什麼。

「Twelve!?」

我張大眼睛，瞪了彼得一眼。

服務人員尷尬地笑了一笑，她禮貌地回應我們：「嗯，對對對，十二米。」

我不敢相信地轉頭看著號稱國外回來的彼得先生，他正頭也不回，踉踉蹌蹌地走到後面的臥室裡，嘴裡喃喃自語著「bedroom, bedroom...」

那臉上的表情，竟像是不小心跌倒露出粉紅色愛心內褲的小女生。

這幾天，我替彼得請了一位外籍老師，我們約好在這個週末進行一對一試教。

星期六的一早，彼得先生躺在床沿，緊閉著眼。

「十點鐘，老師就要來了……」他喃喃自語，好像等著要上斷頭臺的死刑犯。「十點鐘……」

我雙眼迷濛，覺得很睏。「現在幾點？」

「九點三十五分。」彼得依舊緊閉雙眼，一臉快要活不下去的樣子。

我抓起手機確認時間，有一則未讀訊息跳了出來：

「I apologize, but I'm afraid I need to cancel today's scheduled lesson, as something came up last minute...」（很抱歉，今天的英文課恐怕得取消，因爲臨時有事……）

「喂，」我搖搖彼得的肩膀，他的眼睫毛因爲眼睛用力閉著而變得東倒西歪。「我跟你說，外籍老師不來了。」

彼得把眼睛張開，雙眼的睫毛向上翹了起來。他半信半疑地看著我：「欸，妳不要騙我喔，我現在很緊張，這個時候不要開玩笑比較好。」

「真的啦，」我把手機螢幕轉過去給他看，「你看，老師說她臨時有事，傳簡訊說今天不來了。」

正在等死的彼得先生扶著我的手機，把臉貼近，怔怔地看了好一陣子。

「喔耶～～～～」他跳下床，奮力扭起屁股來。「老師不來了，喔耶耶耶耶～～～～喔耶喔耶～～～～」穿著綠色內褲的彼得，好快樂。他的嘴裡好像有一支衣架撐著，笑容無比燦爛，我從來沒有看過這麼快樂的他。

Peter is learning English. 這是今年，彼得許下的神聖願望。

「太好了，我現在要來吃早餐。」我看著彼得快速地套上褲子，穿著拖鞋啪啪啪地小跑步起來。人都是這樣的，快樂之後的下一階段，緊接而來的便是食慾大開。「天啊，我好餓喔，哎喲，好餓好餓好餓……」

沒關係，這年頭沒有人會真的在乎誰的新年願望的，畢竟這裡的早餐店，大家都是講中文點菜啊。

10

平行宇宙

Parallel Universes

彼得先生離藝術很遠，對於金馬獎，他幾乎一個人都不認識。

當金馬獎五十週年，現場直播同時出現五十位影帝影后時，我興奮不已，他正準備要去洗澡。

經過客廳時，彼得首先看到《幾度夕陽紅》的最佳女主角，他疑惑地問：

「咦，江青不是四人幫嗎？怎麼還活著坐在這邊？」

《紅玫瑰與白玫瑰》的陳沖出現時，他大叫著：

「YA～前行政院長陳～沖～」

看到新聞回顧精彩片段，鋼琴大師郎朗上臺表演時，他以為那個人是梁赫群。

再說另一件事。

有天晚上，我一個人在房裡津津有味地看村上春樹的新書。特別叮囑彼得先生不要煩我。

過了一小時，天色漸漸暗了下來，他跑進來搔著腦袋問：

「喂，妳那個……阿里山神木的書看完了嗎？」

彼得是我的同學、好友、男朋友與先生，我們認識了十六年。跟彼得先生一起長大的頭幾年裡，我們是高中同班同學，是非常相似，相處融洽的兩個青少年。

研究所畢業時，我們都是二十四歲。我進入社會開始工作，彼得去當憲兵保護總統府，事情就漸漸有了變化。

那段時間裡，除了品牌行銷工作，我非常著迷於一些小說與作者，經常讀了好幾個小時的書不睡覺，而彼得在活動公司謀得一職，經常在週末，爲廠商舉辦戶外大型活動，他因而認識不少 show girl，在信義區閒晃時，常常會碰到穿著制服正在發樣品的女生，跟他熱情地招手。

結婚以後，當我與高采烈地讀著書時，彼得在旁邊嚼著麵包看實況轉播，我們夫妻便好像活在平行空間裡。

裝潢房子的時候，設計師坐在對面跟我們開會。當問起特別需求時，我要求客廳要有很多書架，好放我的書。彼得想了一想便問設計師：「那個，可以在書架旁邊的牆上裝一個籃球架嗎？」

彼得從不認識藝文界的任何人，他也不喜歡看書，他喜歡ＮＢＡ，喜歡季後賽，所以我們經常雞同鴨講。

有天，我們一起去書店參加某位作者的簽書會，彼得看見那本書的書腰，有很多名作家推薦。他問：「欸欸，妳出書會有這麼多人幫妳推薦嗎？」

「沒有。」我搖搖頭哀傷地說：「那些大作家只會幫大作家推薦的。」

彼得先生有點同情地看著我，他想了一下，然後安慰我：「沒關係啦，下次等妳出書，我們可以山寨一下。」

「什麼意思？」我問。

「別的地方不是也常常這樣嗎？混淆視聽，讓消費者搞不清楚什麼是眞什麼是假。」

我還是聽不懂。

「妳看，妳不是很想要這些大作家侯文詠啊、吳念眞啊、小野啊，這些人幫妳推薦嗎？」

「如果可以我當然是很想沒錯。」我陷入虛榮的幻想中：「啊，還有米蘭昆德拉。他簡直是神，有生之年要是能被他推薦，我此生無憾。」

「雖然我不知道米蘭昆德拉是誰，但要他推薦也是可以。」彼得先生信心滿滿地向我保證。

「你有什麼好建議？」

「如果妳眞的這麼喜歡他們，那麼妳的下一本書，就在書腰上**直接寫上**這些人的名字就好。」

直接寫上去就好？

「這哪裡可以，要他們同意才行。」我搖著手，覺得彼得把什麼事情都想得很容易。

「哎喲，這個簡單啦。妳聽我說，又不是眞的要他們本人推薦，只要讓讀者以爲是他們本人就好了。」彼得強調了好幾次「本人」這兩個字，一臉妳到底懂不懂啊的表情，他推推我的肩膀：「妳快去問出版社可不可以幫你山寨一下。」

「怎樣的山寨一下？」

「妳想像喔，要是你的書上有小野～（貓）推薦，侯文泳～（圈）推薦，村上春樹～（幹）推薦。哇，這樣怎麼樣？」像白癡造句法一樣，彼得先生大聲地列舉著這些作家，然後在他們的名字後面，拉長尾音地加上一個字，好像這樣就萬事ＯＫ的意思。「對了，還有妳剛剛說的，米蘭昆德拉～（麵），他讀了你的文章以後，也熱淚衷心推薦。」

「什麼東西嘛？」我瞪大眼睛，「好差勁的建議……」

彼得先生天真地說：「臺灣是個忙碌的社會啊，大家不會看得那麼清楚啦，再說，你可以把貓啊，圈啊，麵啊，這些字都寫得很小很小，這樣子就沒有人會注意到。」

小野～貓、侯文泳～圈、村上春樹～幹，以及米蘭昆德拉～麵今年一致最喜歡的作家，就是葉揚！

彼得高聲呼喊著這些大牌作家的名字，在後面悄聲加上奇怪的字眼，不禁興奮了起來。

「你這個人到底有什麼毛病？」我搖著頭，簡直不敢相信站在我旁邊，在知名書店大言不慚說著話的男人，竟是我的夫君。

「啊，我立刻又想到王文華～（堡）。咦咦，妳不是上過他的廣播節目嗎？」

「噢我的天啊。」我用力地拍著頭，試圖把彼得先生這些荒謬想法甩掉：「我會被你的建議害死。」

「富貴險中求妳明白嗎？妳想想，這些作家要是告妳，妳也是會一夕爆紅，怎麼說都是雙贏的局面……」彼得轉著眼珠靈機一動：「還有還有，我想到了，還可以加上徐志摩～（鐵）。他可是大作家，被他推薦很風光。呵呵呵。」

「徐志摩已經過世了。」我理智地表示：「他才沒辦法推薦。」

「是嗎？」彼得捧著臉露出驚訝的表情，好像第一次聽到這個消息似的，話鋒一轉，彼得問：「他怎麼死的？」

「墜機啊。」我的頭莫名地漸漸痛了起來，這傢伙眞的太誇張了，我說：「難道你不知道嗎？」

「什麼!?難道他也坐馬航嗎？」

我因爲一種欲哭無淚的感受，頓時想要全身無力地倒在地板上。籃球跟小說，隔行如隔山，我看著彼得一副什麼都搞不清楚的表情，忍不住哇哈哈地大笑了起來。

「妳笑什麼啦，」彼得先生難過地說：「有人死掉這又不好笑。」

哪裡不好笑，看著他坐在旁邊，開始用手機搜尋徐志摩的死訊時，我實在覺得世間再也沒有什麼事情，比這個更好笑。

講到平行宇宙，我也想講講清宮大劇《甄嬛傳》這個事情。

前一陣子，電視又在重播《甄嬛傳》了。

上一回看得如癡如醉時，是我還未婚，住在家裡跟媽媽妹妹一起觀賞的時候。那次觀看的經驗非常愉快，我學到了很多意想不到的，可以用在現實生活上的應對技能。

於是，結婚以後，又轉臺看到這部連續劇，世態炎涼，後宮深似海，我像個小磁鐵被大冰箱吸住，還是忍不住停了下來。

「喔喔，這個穿得這麼講究的古人是誰？」

彼得先生在旁邊發問，我便從頭到尾，像個專家似地將劇情解釋給他聽。

那時正演到進入冬天的紫禁城，受寵的甄嬛，穿著厚厚的衣裳，到宮中給皇上皇后請安。

「臣妾給皇上皇后請安，皇上萬福金安，皇后娘娘萬安。」

「快起來吧，」皇上疼惜地看著甄嬛：「怎麼來晚了？」

「走到一半，又折回宮中去換個湯婆子。」甄嬛回答。

「湯婆子又是誰？」彼得先生問。

「湯婆子是暖壺啦。」我轉過頭解釋。

這時皇上情意深深地握住甄嬛的手，鏡頭推進，定格在兩人不言而喻的微笑與緊緊交握的雙手，我看得入迷。

「皇上就只有這樣而已嗎？握住愛妃的手而已噢？」

彼得露出想到好點子的表情，他高興地說：「我要是皇上，這時就會把甄嬛的手，一把抓起來放進褲襠裡，以示皇恩浩蕩。」

彼得覺得自己很幽默，得意地嘻嘻笑。劇情中的一切美好，一秒之間蕩然無存。

同樣的事情發生好多次。

每次當我按時坐在沙發上看《甄嬛傳》，深深沉浸在古代宮廷的情愛中，坐在旁邊的彼得先生就會時不時發表一些意見，把我從古色古香的情境裡面，殘酷地拖出來。

舉例來說，當甄嬛與王爺浪漫相戀時，王爺拿起畫筆說：「眞巧，我正想畫畫。欸，我來畫妳好不好？」

我的眞實婚姻就會出現彼得拿起手機說：「眞好，我正想上廁所。欸，妳把電風扇拿過來好不好？」

而且一切發生得如此快，過程幾乎同步。

幾天過後，劇情進展至甄嬛看破紅塵，離宮出家修行，在河邊洗衣服時，遇到癡心等待的王爺。

深愛著甄嬛的王爺要被指婚了。

望著淡定的甄嬛，王爺著急地說：「太后不知道，妳不是不知道。」

「即便王爺不中意孟家小姐，太后以後也會爲你挑選其他匹配的婚事。王爺還能拒絕以後的每一位嗎？」甄嬛眼神黯淡，向後退了一步，「何況王爺中意之人，未必對王爺有心。」

「我不是皇上，我的婚姻關聯不到國運。太后也不會勉強我的。」

深情的王爺揪著心示愛：「至於，我所在意的意中人，是否與我有相同的心意，我只相信，精誠所至，金石爲開。」

啊，眞情摯愛，如此動人。我正在感動的情緒中間沉醉著，在浴室刷牙的彼得先生立刻跑出來，他用無比大的聲量，夾雜著泡泡趕忙接話：

「我只相信，金城武至，金石堂開。」

我瞪著彼得，他趕緊跑去浴室躲起來，我聽見他小小聲地自言自語說：

「王爺趁別人不注意，跑到河邊泡兄長的妞，本來就不應該。」

又有一次，宮中來了一位祺貴人，她的個性驕傲，對其他妃嬪都不客氣。

「喲，這個唱秋的女生是誰？」彼得先生問。「貴人在宮中，算是很厲害的意思嗎？」

「中等啦。她才剛進宮沒多久。」這時祺貴人正氣呼呼地打著宮女，我握著拳頭，非常入戲。

「那她講話怎麼可以這麼大聲？」

「因爲她的父親是功臣，她是功臣之女。」

我眼睛盯著電視，一動也不動地回答。

「啊？功臣的女兒？眞的假的？」

彼得先生萬般不解。他抓著頭，走到電視機前面想要看得更清楚一點：

「妳是說，她的爸爸是《灌籃高手》裡面的**宮城良田**喔？」

這時日本漫畫的鬈毛後衛，跑進我腦中激烈運起球來。

我又被彼得先生從美好的清朝氣氛中拖出來了。

眞是令人氣得說不出話。

再舉一個例子。

有一天，趁廣告的時候，我興高采烈地向彼得先生說明後宮的位階：

「先是官女子，再來就是答應、常在、貴人、嬪、妃、貴妃、皇貴妃，然後最大的是皇后。」

彼得像個好學生似地認眞聽講，沒想到他等我一說完，便立刻指著我說：

「好！從今以後，朕正式封妳爲**草仔粿人**。」

「你說什麼？」

我火冒三丈，簡直不敢相信自己居然用心地花了時間跟彼得這種死性不改的男人講解《甄嬛傳》。

「不要生氣嘛……」彼得這時已經笑得直不起腰來。

「還是，還是妳想改當紅龜粿人？」

「啊啊啊啊啊，我一定要打你。」我站起來追著他跑。「你這個傢伙，不但摧毀我看電視的樂趣，還浪費我的生命……」

「喂，動氣可以，草仔粿人妳可千萬不能動手……」

彼得先生慌忙往房間跑去，他跳到床上彈了兩下，得意洋洋之餘，還不忘辯解：「妳看那個女主角莞貴人，當了那麼久碗粿，她還是很冷靜啊。」

可惡，我跳上床猛力重擊彼得的腹部，嫁給這種人叫我如何不傷及無辜。

最後，說個換我白天不懂夜的黑的例子，是關於一部電影，叫做《忍者龜》。

這幾天，每每路過電影院時，彼得先生總是很懷念地站在大海報的前面，久久不離開。

「啊，達文西、多納泰羅、拉斐爾、米開朗基羅。」他摸著每隻烏龜看板，向他們一一問候，好似多年不見的朋友。

我不知道爲什麼，自己對忍者龜的認識幾乎爲零。

前一陣子，彼得說要去看一部期待已久的電影時，「妳猜猜看我說的是哪一部？提示，主角是有殼的……」

我居然回答：「咦，最近有什麼跟蚌殼精相關的電影嗎？」

「不是啦，再給妳另一個提示，」彼得先生抓著下巴：「喔喔，這部電影算是《艋舺》的第二集……呵呵呵……」

「啊？《艋舺》有出第二集嗎？」

「咔哇邦嘎！」彼得叫了出聲。

他看我一臉大惑不解的樣子，收起笑容，著急地解釋起來：「妳想一下『艋岬』的臺語啊，咔哇邦嘎！嗯？有沒有想到？」

就在那聲咒語（或是烏龜方言？）中，我再度強烈感受到自己與彼得先生之間，我們雖為名副其實的夫妻，卻是天南地北的兩個人。

為了能夠好好地欣賞忍者龜的電影，晚上，彼得先生開始替我惡補烏龜們的知識。

「一開始，他們都是寵物龜，後來被遺棄，被沖到下水道，然後受到核電廠的輻射汙染，突變成為人類，開始站起來走路還會說話。噢對了，他們每個人的名字是文藝復興時代的藝術家。」

「原來輻射汙染，對人類的影響是造成畸形跟癌症，對烏龜來說，卻有文化藝術底蘊的強化作用。」

「老鼠也被影響了。」彼得不管我的諷刺，繼續補充說明：「忍者龜的師父是一隻老鼠，他叫史普林特。」

如果有得罪忍者龜迷請多多原諒，每次聽彼得先生說起忍者龜，他那個認眞的神情，加上對我而言實在是很荒謬的劇情，我總是抱著嘲笑的心情。

「其實，畫漫畫的人很偷懶吧，那四隻忍者龜長得都一樣，只有眼睛上的布料顏色不同……」

「誰說的，他們的武器也各自不一樣啊，達文西是藍色面罩，有兩把武士刀，米開朗基羅是橘色的，拿雙截棍，多納泰羅是紫色的，他的武器是棍子，然後拉斐爾是紅色的，他拿的是三叉戟。」

「三叉戟是什麼？」

「就是像叉子一樣的東西。」彼得先生比手畫腳地表示。「尖尖的有三根。」

「所以別隻烏龜在打架的時候，他負責在旁邊串貢丸跟滷味嗎？」

彼得不理我的恥笑，「忍者龜的共同敵人是許瑞德。許瑞德長得很奇怪，對城市不友善。」

「等一下、等一下，」我立刻舉手發問：「對塵世不友善？」我不敢相信彼得先生的國語字典裡，竟冒出這麼文藝的詞語。「你是說許瑞德看破一切，不願踏入紅塵俗世嗎？」

「City的那個城市啦，C～I～T～Y～」彼得露出不耐煩的表情，他吸了一口氣繼續說明：「許瑞德是個壞蛋，常常破壞城市的建設，讓居民很頭痛。」

「我以爲那個城市早就已經被輻射汙染給破壞了。」我不以爲然。

「對了對了，還有一個女生，身材很好，名字叫做艾波歐尼爾，她是，嗯，外景主持人……」

「外景主持人？」

「對，就是那種常常要在外面跑新聞的人，讓大家知道可惡的許瑞德，又在爲非作歹。」

「那種職業叫做社會線記者。」我哈哈哈地大笑：「外景主持人主要都在吃東西跟介紹飯店。」

「噢對對對。」彼得修正他的說法，「這樣說的話，艾波應該是社會線記者比較對。」

「那麼，艾波跟哪一隻烏龜談戀愛呢？」我問。

「沒有戀愛吧。」彼得想了一想，搖搖頭說：「曖昧應該是有一點。」

「啊？沒有愛情喔？我很想看爭風吃醋的四隻烏龜的戲。」

我想像著長滿綠色肌肉的青少年龜形人，年輕氣盛，長年累月住在曼哈頓的地下水道裡，竟沒有愛情的滋潤，實在有些傷感。

「又不是在演烏龜版的流星花園。」彼得不滿意地看了我一眼，他大義凜然地表示：「欸，城市那麼危急，妳多少有點同情心好不好？」

我點點頭，心裡想著，沒有愛情，光是烏龜打架，還能造成爆紅，拍成電影，也是不容易。

「我有一個問題，這些文藝復興的忍者龜，平常沒事的時候，會在下水道作畫嗎？」

「沒有吧。他們沒事的時候，都在吃披薩跟吵來吵去。」

「他們哪來的披薩？」

「叫外送啊。」

「你又知道他們叫外送。」

「應該是外送沒有錯，披薩都有用紙盒包好的。」

「我的確記得他們喜歡吃披薩。」童年回憶突然浮現在我眼前：「我小時候還跟爸爸說，我要吃忍者龜吃的那種食物。我們家因爲這樣才第一次去吃披薩。這是我對忍者龜唯一的記憶。」

「他們是英雄，妳只知道吃。」彼得先生用看不起人的神情，無奈地看著我，好似我是第一次到大城市，愚笨無知的土人。

那天晚上，我們還是忍不住叫了披薩來吃。

《甄嬛傳》七十六集全部播完了，沒有後宮爭鬥可以看，我很失落。彼得先生很高興地轉到體育臺，又開始囉哩囉嗦，解釋個沒完。我趁他不注意，用手機上網買了幾本書，他趁我不注意，把薯星星全部吃完。

廣告時間，彼得說要講一個我會喜歡的，跟古代有關的笑話。

皇上：「太醫，朕最近好像病了……」

太醫：「皇上，是什麼樣的病呢？」

皇上：「不知道……朕最近一直害怕……」

太醫：「害怕什麼呢？」

皇上：「朕害怕……害怕朕這一生都是朕……」

太醫：「糟了……皇上，看來您是得了一種洋人傳來的病。」

皇上：「是什麼病……」

太醫：「這病叫……『怕今生是朕』……」

彼得爲此咯咯笑個不停。因爲他的聲音很像一隻雞，我也開始跟著咯咯笑得很開心。

或許有很多事情，我們活在平行宇宙裡。活在平行宇宙的兩人結了婚，除了學著了解彼此，還要學著怎麼相愛，有時候實在很費力。

幸好我們都喜歡披薩，一面說著言不及義的事，一面你一口我一口地嚼著三角形的食物，這東西，討人喜歡得要命。

11

老公不在家

Wife is staying at home

晚上，我睡醒從房間裡走出來。

彼得先生正在看高中籃球聯賽，三民對松山。

我們都是松山高中的畢業生。

當年的總教頭，頭髮都白了。

他還是很喜歡用英文講戰術，也一如往常非常激動，他穿的淺灰色Polo衫，腋下因汗濕，出現兩塊圓形擴散的深色印子。

彼得先生笑著說他好像穿了拼接材質的上衣。「現在腋下拼接非常流行！」他學著球評的口氣，激動補充道。

我獨自陷入感慨中，想到第一次認識黃教練，竟是十幾年前的事情。

接著，彼得先生指著一位三民家商的球員，向我介紹說：

「妳看，這個人的名字很特別咧，叫阿奇瑋，好酷。」

阿奇瑋在我們的眼前，左閃右閃，投進了一球。

我聽見球評讚賞地說：「何奇瑋適時地籃下投進，為三民拿回關鍵兩分……」

球員穿著黑色的球衣，黑底白字，在螢幕裡快活地跑著步。

原來阿奇瑋是何奇瑋。

彼得先生瞇起眼睛來，還大聲地否認說：「咦？剛剛球評是不是叫錯他名字了……」

原來不是只有高中籃球隊總教頭，我們年紀都大了。

親愛的老公，看球之前，是不是應該先看一下白內障啊……

星期六早上，彼得先生跟大學同學去臺中參加籃球比賽，清晨就出發。

我讓自己在床上慢慢醒來，非常滿足，今天除了自由自在地寫稿以外，沒有其他的行程，今天我不是業務、不是妻子，什麼都不是，不用使出渾身解數，去搞定什麼事。

沒有彼得先生在屋子裡的日子，從醒來到現在，竟然連一句話都不用說。

昨天因爲工作到很晚，身心俱疲的緣故，不小心罵了彼得。

事情的起因是我吃飽飯後在沙發上安靜地睡著了，彼得在廁所，發現沒有衛生紙，叫了我名字求救，我不高興被吵醒，大聲說了：「我在睡覺！不要吵！」彼得最後只好自己光著屁股，髒兮兮地小碎步跑出來。

躺在舒服的藍色沙發上，我維持睡著的狀態。彼得上完洗手間，覺得沒事做，在浴室裡放起流行舞曲，開始洗澡。家裡很小，邊抹肥皀邊高聲歡唱的他簡直吵得不可思議，我提不起力氣回房間睡，只能像具屍體癱在那裡，被熱門音樂的噪音無情地攻擊。

「眞討厭的男人，跟他一起生活受不了啊。」

到底是在心裡罵、夢裡罵，還是眞的有吼叫出來，我竟記不起來。

彼得不在的早晨，要寫他的壞話，或是說，要用第三方的客觀角度看婚姻，都覺得流暢。

自己也是老太太了，一週工作的疲累，竟無法用一頓好眠解決。今天起床，花了我三個多小時，扭來扭去，腰痠背痛，無法徹底醒過來走下床鋪。

彼得先生不一樣，他居然清早就出門，像個青少年一樣地活得很好。到底昨晚他有睡覺嗎？我也不太知道，突然想到負鼠好像也是晚上不睡的動物。

我們明明是高中同班同學，現在竟出現年齡巨大差距的感覺，不能不注意啊。星期六的早上，我想著這個事情。

如果他在的話，我們現在會在客廳裡吃著早餐聊天，根據過去的經驗，過動兒彼得一定會說：「今天要做什麼呢？哇，妳看看外面，天氣這麼好，一定要出去走走，不要浪費啊……」

但是今天彼得不在，天氣再好也不關我的事了。宅女如我，可以全天待在室內眞是雀躍。我躺在床上看一本書，作者是一個老太太，因爲兒子的朋友借她一套DVD，她開始愛上看韓劇，她在文章裡一再感謝裴勇俊潔白的牙齒，讓她這種獨居歐巴桑，有機會再次感受到戀愛的甜蜜。

我走到廁所再走回來，發現客廳的燈居然忘了關，中途停在廚房咕嚕咕嚕地喝了兩杯水，噎到了一下，吐了一口在地上，地板濕了一塊我也不理會，走回臥室躺下，床上全是我的東西，電腦、旅遊書、衛生紙、手機、護手霜。實在太熱了，我把縮成一團的睡袍用腳踢到地上，睡袍發出啪嗒一聲，呈現意外墜樓的人形狀。

都沒有人管我，亂七八糟好快樂。

一陣子過後，鈴聲響了，發出急速高頻的聲音，我勉強地從床上爬起來，搖搖晃晃地跑去客廳接電話。

「怎麼響了這麼久才接？」彼得先生問。

「啊，有嗎？我不知道。」我望著一地的混亂，彼得要是知道一定會昏倒。

「妳吃早餐了嗎？早上在做什麼？」

「什麼都沒有做啊。」我大言不慚地回答。彼得先生不在，我就省略所謂早上這個時段了。

「剛剛才睡醒耶，現在幾點了？」

「都中午了。我還以爲妳不在家出去玩了。」

我問彼得早上何時出的門，他說自己差點睡過頭，一看鬧鐘就彈起來跑出家了。

「像負心的已婚男人，第二天在情婦床上醒來的反應一樣。」我說。「連再見都沒有說就不告而別，實在是沒有良心的負心漢。」

彼得先生呵呵地笑，轉移話題道：「我們打得不錯喔，已經贏了一場。」

「要贏幾場才能晉級？」

「兩三場吧。」

「加油囉，晉級以後，你們就是晉級的巨人。」我懶懶地表示。

「眞難得，這種諧音的冷笑話妳也會說喔？」

「欸，記得幫我買臺中的雞腳凍。」

「好的，一切順利的話，晉級的巨人今晚會從臺中，外帶新鮮的雞腳凍回家給老婆。」

我掛上電話。伸出左腳，接著右腳，踢開地板上的衣服，慢慢打著呵欠走回臥房。

彼得跟我共同喜歡吃的東西很多，唯一最大的不同，就是雞腳這項食物。

對我來說，雞腳是香噴噴的肉，彼得可不這麼想，他堅持雞腳是雞的腳，踩在泥土地上讓雞可以走來走去沒穿鞋的兩根髒腳。

「想到妳吸著雞腳上面的指甲縫，我就頭皮發麻……」

彼得每回看我吃得吱吱叫時，總是這麼評論。

我絲毫不受影響，可以當著他扭曲的臉，喜樂地吃掉兩盒雞腳凍。

今天覺得花錢買這個床墊眞是値得了。

我繼續讀著老太太作者寫的書。一隻蟑螂從衣櫥的對角線，以悠哉的速度緩緩爬下來，我瞇著眼睛觀賞，背部貼著翅膀，是以前從未看過的品種。牠是不是也知道彼得先生今天不在家裡呢？

彼得不在，我也不需要爲家裡的昆蟲感到煩惱了。

牠可以盡情地逛著我的家，就像我盡情地躺在床上休息一樣。我們共生共榮，打造幸福美好的城市。

其實我對蟑螂從未反感過，反而覺得牠是地球的前輩哪。

日上一百八十竿，總算餓得受不了的我，必須獨自出門買午餐。

我故作文青姿態地帶了一本書，打算在點菜等待的時候看。

結果書完完全全沒有翻開的必要。

下午的太陽好大，我走到一半就忍受不了只能跑進鄰近的便利商店休息一下。便利商店的冷氣真的很療癒，我站在那裡吹了一會兒，店員以為我需要服務，便從後面貨架趕忙衝到結帳檯來，我們兩個大眼瞪小眼，對方一直傻笑想知道我的來意，我只好趕緊走到提款機去，隨便領一點錢。

這讓我想起小時候的妹妹，那時候她是小學一年級的新生，我則是六年級的老鳥。從學校走回家大約要三十分鐘，中途有個郵局，我經常帶著她去裡面坐著休息。妹妹的臉皮很薄，跟我不一樣，她不好意思白吹冷氣，所以每次休息過後，離開前她都會煞有其事地跑去櫃檯掏錢買郵票。她每天的零用錢，有一部分都用在郵票上。

那時候的妹妹根本不認識幾個字，也從不寫信，可是卻是當年社區內，擁有無數郵票的七歲小學生。

領完不必要的錢後，我提起勇氣離開舒適的超商，前往三十公尺外的咖啡廳，打算買一杯柚子茶喝。

咖啡廳裡有貴客，兩個打扮得嬌豔欲滴的部落客，正把盤子裡的食物立成四十五度角，愉快地自拍著。她們的頭髮好柔順，像是可可豆做成的瀑布，眼睛也睜得好大，一邊側著臉，一邊努力噘著嘴好可愛的模樣。大自然裡大概就數人類可以這麼不自然。我想著不知道她們一直持續這樣會不會有職業傷害。不過哪裡需要我擔心，她們可是有經過專業訓練的美妝達人。

我左右換著腳的支點，站在旁邊等待服務，一面用大嬸的好奇心看著陌生美女的一舉一動，週末搞得這麼隆重假笑吃早餐，眞的有點辛苦哪，而且，那麼瘦的女生爲什麼要點那麼多擺了滿桌呢？一定吃不完到時又要浪費掉了。哼哼，事實證明我不過是一個邋遢普通愛護地球資源的無聊路人。

「小姐妳好，需要什麼？」

「外帶一杯蜂蜜柚子茶。大杯。」

「甜度冰塊需要調整嗎？」

「甜度正常，越冰越好。謝謝。」

大概是從業以來，沒有聽說冷飲甜度居然完全不做修改的客人，店員抬起頭不可置信地看我一眼，我穿著米奇的 T-shirt 和紅色運動短褲，臨時捆起的頭髮亂得不得了，我對店員笑笑，對一個老公下落不明的太太來說，規矩不重要，做自己就好。

彼得先生傳了幾張他在大太陽底下打球的英姿照片過來。

「對手像保齡球瓶一般紛紛倒下！」他高興地評論著。

每次都是這樣，當彼得與隊友打得很好的時候，都是基於本身的能力，當他們不幸打得很差的時候，就是因爲裁判不公平。

在短短的一個小時內，他與球友們又贏了一場，而我什麼都沒做只是在市場旁邊的咖啡廳裡，看部落客粉紅色的小臉蛋跟食物湊在一起拍照。

這些女孩好像貪吃的芭比娃娃。

想起上個週末，可不是這樣過的。一大早，我心不甘情不願地起了床，像是剝開半生不熟的茶葉蛋般似地痛苦地張開眼睛，因爲我答應要陪彼得先生，去看他打球。

「這可是婚後第一次妳來看我打籃球。」彼得很開心，他穿了一整套橘紅色的球衣，還多帶了另一套，「待會兒濕了可以換。」

「你是要去打球還是要去上通告？」我揶揄他。

彼得正興高采烈地準備他的衣服與護具，還有水壺跟球鞋，他不停地在客廳與臥房之間跑來跑去，連我說了什麼尖酸刻薄的話也聽不到。

我必須坦白，其實我很討厭陪彼得（或是任何其他人）打籃球。

首先天氣很熱，然後我很討厭汗味，狐臭跟貼在臉上的潮濕頭髮。籃球場上每次都有好幾隊輪流上場，這中間等待沒事可做的時間很長，再來就是球場沒有一個舒適的地方可以坐，就算我帶了書，坐在水泥地上看也覺得很痛苦。

還有女生的尖叫。對了，那些荷爾蒙高漲的，寶貝加油，誰誰誰你好棒，啊啊啊啊 baby 好帥啊，總而言之，熱戀少女因愛慕之情衝高出來的尖銳聲音，非常惱人，讓我耳朵跟心裡都受不了。

「喲，妳有拍到我投進嗎？」

「我投籃的姿勢怎麼樣？」

「妳有沒有看到我剛剛在籃底下吃他？」

每次中場休息時間，彼得都會興致勃勃地跑過來問我一些類似的問題，爲什麼把別人的球拍掉叫吃呢？是吃了對方的豆腐還是吃了什麼其他的東西？我眞不明白。

倒是彼得在一場對戰中重重摔了一跤，讓我嚇了一跳。

前因後果看不清楚，大概的過程就是他在籃下準備過人投球，跳起來的瞬間，被另一個球員踩了一腳。

咻~彼得像拋物線一樣飛出一個曲線。

當他砰地一聲右肩著地時，我發誓我看見他的肩胛骨瞬間錯開又卡回原位。

那一幕可怕至極，當下我不覺得自己是他的妻子，反而更像是他的母親。

「這麼危險的遊戲，以後你們不可以玩！」我腦中掠過自己奮力衝過去，狠狠賞犯錯的小朋友一巴掌的畫面。

彼得倒是像個沒事人，在二十秒內笑嘻嘻地拍著屁股站了起來，全是汗跟灰塵組成的臉髒兮兮的，卻一臉還想再玩。

「沒事啦，其實是被他推了一下，我剛好踩到地上的水就滑倒了。」彼得事後向我解釋：「投進還加罰，好爽。」

「你可能腦震盪或是手骨折。爲什麼好好的週末會有人想經歷這些事故？」我在駕駛座旁邊搖頭不解。

事實是，我想我永遠不會了解。

「妳不用擔心啦，我跟妳說，室內球場地板是木頭做的，很有彈性，就算跌倒也不會很痛。」

「我是不知道你怎樣啦，我的肩胛骨不是鋁合金做的。」

「別人也不是故意的，其實一次拿了三分，那一摔算是本日最值得。」

雖然全身的骨頭都在哭泣，可是彼得先生還在得意。

「下次你自己去打吧，我不來看了。」講不過彼得，我只好說：「以後你打完球，我買麥當勞在家等你就好。」

車子在紅燈前面停了下來。彼得髒得好像泰山剛從叢林的泥沼裡面爬出來。

我終於明白自己跟熱戀少女不一樣的地方，她們想要自己的男朋友，做出帥氣的動作，像隻萬獸之王在原野上吼叫；而身爲人妻的我，只盼望彼得先生，快快樂樂的出門，平平安安的回家。

不知道彼得現在的臉，是不是黏答答又髒兮兮的呢？

拎著海鮮麵疙瘩與蜂蜜柚子茶，走在回家的路上，今天我不需要擔心自己以外的其他人。

一個中年男人牽著兩隻狗走路，他一面遛一面彎下腰來撿糞便。夏日的微風，是吹風機的高溫，兩隻狗兒一左一右輪流拉屎，男人的臉看起來快要崩潰了。我心底掠過一絲絲慶幸的感受，幸好我只要遛自己就好，而且比起兩隻小狗，本人教養良好，自制力強，不會隨地大小便。

走著走著，我轉進另一家連鎖商店，兩大罐瓶裝水入袋，最喜歡吃的原味蛋捲正在特價，趁彼得不在，我一次買了許多，購物袋裡有甜食讓我覺得心安。

再度感謝一次，超商的冷氣冰涼入骨。啊，沒有老公的日子，眞的是好値得高歌一曲的人生呀。

12

討厭得令人受不了

Can't stand it anymore

彼得先生說他從來沒有去過大湖公園，我也很久沒去了，一直覺得那裡是很浪漫的地方。

週末的時候，我們換好鞋，出發去公園。

在橋上，我深深吸進一口湖邊的空氣。

有好幾對情侶拉著手，輕輕地聊天，然後輕輕地笑。

「我們來自拍。」我高興地邀請另一半。

彼得先生拿起手機來，表情焦慮。「喔唷，一定要在這邊拍嗎？我很怕手機會掉到水裡面……尤其是由妳掌鏡……」

我不管他，從他手裡搶過手機，硬是要拍。

「這張不好看，再拍一次。」

「這張頭髮好怪，再拍一次……」

站在原地拍了好幾張不滿意的照片以後，彼得先生譏笑我：

「好了，可以了啦，妳就是要接受妳已經過了人生拍照最好看的時期啊……」

好幾對情侶拉著手，輕輕地聊天，輕輕地笑，愉快的戀愛。

我一面走下橋，一面抱怨不停：「結婚以後，你就變成一個爛人，說那什麼話嘛，真可惡……」

彼得先生驚覺失言，只好一路抱歉地傻笑。

看著路過的一些戀人，男人甜言蜜語地討好，只為換得幾個交頭接耳的機會。我越想越忿忿不平，「男人喔，婚前婚後大突變，真的是很現實。」

直到遇見迎面走來的一對老夫婦。

他們走路慢慢的，拿著枴杖勾著手，安靜地散步。

「你看，老夫老妻也好幸福。」我指著前方，拍拍彼得先生。

大湖公園的雲，也隨著他們緩緩地移動。

就在這個時候，穿著藍夾克的老先生講話了，他對著老太太大聲地說：

「喂～這邊有廁所，要尿尿就現～在～講～喔～」

老太太在湖邊摸著臉無法決定，老先生露出一副自己是廁所之王的樣子，

「我先警告妳，那邊沒有廁所了喔，妳到時候哭都沒用……」他又補了一句。

哭都沒用～哭都沒用～哭都沒用～

「嘻嘻，現在覺得我這人還不錯浪漫吧。」彼得先生用肩膀頂了頂我，對著我戲謔地笑。

歷史上有七七盧溝橋事變。我要把婚姻生活中的這一大，定為八四搖擺鈴事件。

八月四號，事發地點在客廳，我正在沙發上舒服地小睡，某個不明的時間點，坐在一旁的彼得先生突發奇想，在我耳朵邊五十公分處，開始奮力甩動搖擺鈴。

搖擺鈴是一種跟啞鈴相關的新發明，可以直立地上下搖擺，鍛鍊強化核心肌群。彼得把它當作新玩具，重點是，不知道爲何，每次我一睡著，彼得就開始玩玩具。

搖擺鈴發出巨大的沙沙聲響，像是十個老太太同時用洗衣板刷床單。我幾乎是瞬間被嚇醒，眼睛一張開就看見彼得坐在單人沙發上，裸著上身，拿著橘黃色的啞鈴，咬著牙猛力搖晃。畫面挑釁得不可思議。

我狠狠地瞪著彼得，他一邊搖著沙沙叫的搖擺鈴，一邊在看國片，殭屍跟道長慌忙地在巷弄裡跳來跳去，入戲甚深的彼得沒有注意到我的恨意。

「咦？妳醒了啊？」一陣子過後，彼得先生終於停下搖擺鈴，發現我的存在。

「對。」我氣呼呼地說：「我完全醒了。」爲了避免衝突，我臭著臉爬起來，跺步走去廁所試圖冷靜。

下一秒映入眼簾的，是馬桶裡沖不乾淨的東西。

「顏彼得！」我氣急敗壞地大喊他的全名，可是一切都來不及了，就像小鴨子會記得第一眼看到的事物一般，我所看到的那個咖啡色長條物體，已經深深映入我剛剛清醒過來的腦海裡。

搞不清楚發生什麼事的彼得先生，三步併作兩步地跑進浴室，往我指的方向看了一眼，「咦？怎麼會這樣？明明我有沖下去啊。」

「咦咦咦？咦咦咦？」

夫妻雙方會開戰，都是因為彼得先生只會一直咦咦咦。

我坐在客廳的地板上曲著雙腿等著上廁所，眼皮沉重，怒氣沖沖，又開始任性地出現離婚的念頭。

彼得連忙跑去陽臺拿了水桶回來，「可惡，讓你見識一下強力水注的威力。」眞是莫名其妙，此時他居然還有興致把自己的排泄物擬人化，還跟對方談起話來：「哼哼，害我被老婆罵，看你這傢伙下次還敢不敢探出頭來……」

在那一刻我簡直就要炸開了。我忍不住想，不知道是不是每對夫妻都這樣？難道，國父孫中山和宋慶齡在婚後，也發生過一樣的事情嗎？

其實這樣無緣無故地被吵醒，已經不是第一次了。

剛結婚的時候，我就寢的時間早，彼得經常摸黑進臥房，有一次他拿著手機，打開手電筒應用程式，光線直直地射在我臉上。

「啊，你幹什麼啦？」我被刺眼光線照得醒過來，痛苦地摀住眼睛。

「拍謝，我在找手機充電器。」

「那你為什麼要拿手電筒照我的臉？」

「想說看妳睡了沒啊？如果妳睡了，我就不要開燈，」他非常貼心地解釋著，手電筒依舊亮晃晃地照在我的臉上，「**我怕不小心吵醒妳。**」

直到現在，每次在床上準備睡覺時，彼得總要玩好一陣子手機遊戲。

「喂，不要玩了，螢幕好亮，我睡不著。」我請求他。

彼得把手機關起來，「好吧，妳趕快睡吧。」

十分鐘過後，我看見旁邊的棉被像個燈籠似地，發出一閃一閃的亮光，彼得躲在被窩裡打電動，時不時地，發出開心的咯咯笑。我咬牙切齒地默念著：「我的先生是鴕鳥，人類不要跟禽獸計較。」

老公這種生物，是不是總是討厭得令人受不了呢？如果不是嫁給他，不知道我會過著什麼樣的美好生活？

另一件討厭的事情，發生在他生日的那一天。

彼得先生很少喝酒，酒量也很差勁。因爲生日的關係，他在大學同學的邀約下，去KTV慶祝。

「不要太晚回家喲。」第一次我以妻子的姿態囑咐著。彼得先生給我一個放心啦我出去一下立刻就回來的表情，似乎完全不需要擔心。

聽到家門再度打開的時後，我已經躺在床上睡著了。我以爲彼得很快就會走進臥房，可是他沒有。

一小時過去，我睡眼惺忪地爬下床，走到客廳巡視，現場空無一人。我喊了幾聲彼得的名字，沒人回應，便走進浴室看見一位身著黑西裝的男子，頭低低地坐在馬桶上動也不動。

我第一個直覺，是這個男人會不會死了。

於是我抓起洗臉檯邊的眉筆，戳了兩下他的前額。「喂、喂，你在幹嘛？」我以膽怯的聲音問著。

彼得先生就像一座在噴水池中間的雕像，兩腳開開低頭沉思著，依舊動也不動。

我又拿著眉筆左右戳著他的臉頰，試探了一陣子後，終於忍耐不住地用雙手把他的頭捧起來，這時我總算看見他的眼睛像加菲貓似地緩緩張開。「喏……」他發出含糊不清的聲音，組不成完整的句子，「唔唔、喔喔、喏……」

「你馬上給我去洗澡。」我就像每個發現先生酒醉歸來的老婆一樣，抓著彼得的領口，逼他站起來，彼得搖搖擺擺地晃進沖澡間，我看著他用極緩慢的速度脫去外套、上衣、褲子，最後是襪子。

等到彼得洗完澡後，我坐在客廳的沙發上交叉著雙手，擺出晚娘臉孔。他似乎清醒了一些，卻也進入酒醉的另一階段，我將之定義爲，慢速高談闊論篇。

這個階段非常討厭，因爲酒醉的那個人，會說很多道理，不僅如此，還會說得非常慢。彼得半開著雙眼，開始興高采烈地談論他的慶生會，包含前來參加的每一個人。他提起某個朋友正在考慮求婚，彼得笑容滿面滿意無比地表示：「我告訴他，一定要結……婚……，因為結……婚……實……在……太……好……了……」

「哦，是嗎？」我望著滿臉通紅的彼得，時間已經是清晨五點四十五分，我的心臟部位燒著一團濃烈的火，冒出陣陣黑煙。

「對呀，你不覺得嗎？結……婚……很……棒……很……棒……我那個同學還問我喔，婚後生活會不會很平淡，我說，怎麼會平淡呢，兩個人的生活非……常……好……玩……」我一面把彼得的屁股推到房間裡，一面在背後做鬼臉。好玩個頭，我心裡想著：你這個討厭的傢伙，明天我就要跟你離婚。

終於兩人都躺在床上，蓋好棉被，彼得先生乖乖地把眼睛閉好，天已經微微亮了起來。

「sorry 喔老婆。」

我聽見他以無比洪亮的聲音，說了這句話。

「我明天再跟你算帳。」我回答。

他絲毫沒有悔意地微笑著，遊戲似地把棉被蓋到臉上。

「sorry 喔老婆。」

十秒鐘後彼得又以相同的音量與語調，再說了一次。

接下來，他連續說了二十多次。

「sorry 喔老婆。」

「sorry 喔老婆。」

「sorry 喔老婆。」

「sorry 喔老婆。」

「sorry 喔老婆。」

……

清晨六點三十五分，酒醉的彼得進入惱人的第三階段：壞掉的廣播機器人。

「閉上你的嘴，然後給～我～睡～覺～」我用手拍打他的肩膀，但是沒效。

「sorry 喔老婆。」

我改採溫柔母親哄騙法，把手指放在唇邊。「噓……」

彼得也學我的樣子發出「噓……」的聲音。

這樣的沉默只持續了五分鐘。

「Sorry 喔老婆。」故態復萌。

最後我終於忍耐不住，翻身跨坐在彼得的肚皮上，按住他的脖子以乒乓球標準打法，正手拍與反手拍，連續打了他四巴掌。

「聽～不～懂～嗎～不～要～吵～鬧～」

這才終於安靜了下來。

隔天，彼得先生醒了過來，帶著一雙熊貓眼，坐在沙發上喝水。

我向他敘述昨晚的酒醉事件。他一臉抱歉。

「對不起啦……」他說。

「你完蛋了，我要跟你媽媽講。」我趁機威脅他：「要是她知道你喝那麼多酒，醉成這個樣子……」

彼得先生只差沒有雙腿下跪：「喔唷，求求妳千萬不要跟我媽講，她不需要喝醉都可以重複念我一萬遍……」

「我才不管你，我就是要講。」

彼得的眼珠轉來轉去，他看看左邊，又看看右邊，突然好像想到樂透中獎號碼似地，他用食指指著我說：**「那我也要跟妳媽媽講，誰叫妳昨天又很暴力地打我的頭……」**

有一次出差到馬來西亞時，彼得先生打了通電話給我。

在一連串的家庭瑣事問候之後，他提起了一個話題：「好消息喔，那天表哥跟我說，他家裡有多一臺卡拉ＯＫ主機，如果我們想要的話，可以直接搬走。」

我在機場拖著行李，右肩夾著電話，「是喔，你有想要家裡裝卡拉ＯＫ嗎？」

「如果是免費的當然好啊。」彼得先生喜孜孜地接著說：「爲了這個，我還多買了一些周邊產品耶。」

「像是什麼東西？」我問。

「麥克風啊，擴大機這類的東西。」

「我其實滿討厭唱歌的。」我天真地以為這件事情還有商量的空間：「你說那些周邊產品要多少錢？」

「兩萬多塊。」彼得先生回答。

「啊!?」我嚇了一跳：「要這麼多錢？」

「哪裡會多錢啦，我跟妳講，相對於那臺主機，這些小東西算是很少錢，妳都不知道，一臺卡拉ＯＫ主機就要十多萬……」

這下我明白了。婚姻是一副很奇妙的眼鏡，妳一旦戴上了，才明白身邊這個男人，跟愛情的迷濛晨霧中長得一點都不同。彼得先生跟我對金錢的價值觀，就像對坐在天秤兩頭的小砝碼。他是相對論者，卡拉ＯＫ主機原本很貴，現在免費，那麼這樣看來其他的東西都算是小錢。我是絕對論者，對我來說，兩萬塊新臺幣是二十張千元大鈔，是兩百張百元鈔票。

「你發神經裝卡拉ＯＫ在家裡做什麼啦……」我坐在機場大廳的小椅子上抱怨起來，想要勸退彼得先生：「只有那些阿公阿媽，退休在家才會想買這個。」

「誰說的，我可以唱歌給妳聽啊。」彼得先生補充。

「我才不想聽。」我賭氣地回答：「而且我又不喜歡唱歌，麥克風不用買兩支吧。」

「這樣合唱歌曲怎麼辦……」彼得先生委屈地表示：「朋友來的時候只能看我一個人表

演……」

我聽見開始登機的指示，雖然腦袋裡充滿臺灣連續劇演的老公亂花錢導致老婆下海賣身的畫面，也只能草草結束對話。

回國後，我跟爸媽吃酸菜白肉鍋時，忍不住跟爸爸埋怨起這件事，想獲得他的認同。父親一向是勤儉持家的人，皮鞋永遠只有一雙，還沒壞掉之前絕無走進鞋店的可能。

「我跟妳講，女兒。」爸爸聽完我的陳述後，放下筷子開口了：「妳要試著尊重妳的男人。」

「什麼？」我瞪大眼睛反問：「即使他很笨，亂花錢也沒有關係嗎？」

「妳一開口就說他很笨，這樣就是沒有尊重妳的男人。」

「太好了。」媽媽在一旁瞇起彎彎的眼睛笑，開心地雙手合十：「以後我要到你們家開唱……」

事情的發展完全令人措手不及。過了一陣子，火鍋吃完後，上水果甜點時，爸爸甚至說：「對了，妳可以建議彼得去光華商場逛逛，那裡有賣迪斯可舞廳那種會發亮的球，搭配起來很有氣氛……」

終於安裝卡拉ＯＫ的日子來臨了。

我看著工人忙進忙出，把電視拆下來，將音響推出去，接線、集線、test、test、一二三、一二三。我們付了比兩萬還要多一點的錢，得到了兩支麥克風、點歌本，跟鍵盤遙控器。

接著留著山本平頭的工人以無比祝福的眼神說：「祝你們唱得開心。」便擦擦汗離開了。

無視於我的嫌惡表情，抓著麥克風的彼得先生高興得不得了，他手舞足蹈地說：「好！來唱！來唱！」

我爲了表達在野黨的反對立場，假裝漠不關心地走向浴室：「你自己唱，我要去洗把臉。」我說。

一面把洗面乳揉成泡泡塗到臉上的時候，我聽見外頭傳來蘇打綠的歌曲。

「僅以這首歌獻給正在廁所的老婆。」彼得先生用著深夜節目的感性口吻，開始深情唱歌：「這是一首簡單的小情歌～～」

聽到他的破嗓子歌聲，突然之間我覺得非常好笑。

「哎呀哎呀，」唱完第一句的彼得立刻卡掉歌：「我唱得好爛，走音了，不好意思，換一首好了……」

半個小時過後，我們一人拿著一支麥克風。

我記得自己先是堅定地拒絕，接著半推半就地唱了一首歌，後來就因爲某種我說不清楚的原因，家庭卡拉ＯＫ的態勢大轉，夫妻的僵局迅速解開。那天晚上，彼得與我兩人連續唱了四個小時，簡直欲罷不能。當魔幻力量的歌曲前奏響起時，我們還像被神明附身似地從沙發上彈起來，同手同腳上上下下地跳了射手舞。

最後搞得兩個人直到凌晨，都還在推來推去，誰都不想先去洗澡。

「拜託我還要唱……」我緊緊握住麥克風，「拜託拜託啦……」

「欸，那先說好，我洗完就換我了喔。」彼得先生伸出食指警告我。

結論：婚姻真的是一副奇妙的眼鏡，你不戴上眼鏡，不只是隔壁的男人，就連自己到底是什麼樣的討厭鬼，你都看不清。

13

我要快樂

The Desire for Happiness

嘿，這件事或許你是第一次聽我說喔，我其實啊，是一個很容易失去興趣的人。

因為這樣，讀書的時候經常換科系，減肥計畫朝三暮四，每個工作做不了多久就會開始覺得厭煩。

我還是有其他優點跟好處的，只是這個缺點非常明顯，我只能習慣它，別無他法。

有時候想想我可以跟你在一起這麼多年，真是令我驚訝。

可能是你很好。所以我還沒失去樂趣。

不、不是這樣，在人生裡面，我經歷過很多很好的事情，可是我並沒有那麼珍惜。

也可能是你依然有我搞不清楚的地方，還可以去發掘。

但是仔細想想，這世界上也有很多男生我並不明白，不過我對他們沒有興趣。

我不知道為什麼。

不過這樣也很好，至少我還可以說，這一輩子到現在，我有少數堅持到底的事情，至少我在乎你。

其實你不知道喔，我今天是有點傷心。午餐的時候，我提起自己想離開現在的工作，開始一段新生活，可是坐在對面的你猶豫了。

「或許我的腦袋不像妳的好，」你這樣說：「如果我是妳，我不會辭職的。」

我問你為什麼，你說了好幾個原因，包括待遇、職位、福利、貸款、未來發展的機會。

你說的都對，只是曾幾何時，我們已經不能像高中生那樣考慮事情了嗎？

我知道自己沒有道理，所以把嘴巴閉上。但是我一個人，在這樣的漫漫日子裡覺得無趣，同一時間，你想的卻是，待遇、職位、福利、貸款、未來的發展機會。

唉，你苦笑了一下，我也跟著苦笑。得不到你的支持（哪怕是一句話也好），我心裡覺得苦苦的。

原來，我愛很久的人，不能包容我做事不長久的缺陷。真討厭。

那是埋在層層文件檔下，現今我已經記不清楚何時寫下的一篇日記。我想當時的我應該是很不快樂，在跟彼得一言不合的時候，因爲賭氣而寫的。

後來我當然沒有離職，也沒有離開彼得先生。我只是生了悶氣，可能睡一覺後又沒事了。

不過我記得，有一段時間，我困在低潮中，所有應該覺得感恩的事情，看起來都不理想，天氣不好我也生氣，別人說了什麼我都不聽，簡直就像受傷的野獸，任何生物看一眼，我都覺得是挑釁。那一陣子，我是來勢洶洶的熱帶低氣壓，而彼得先生就像是花東沿海地區的居民，大難臨頭時總是首當其衝，只能死命堆著政府發的沙包，嚴防強風與大浪。

某天晚上睡覺前，我跟彼得談起話來。

「你覺得這一陣子，我是不是不太快樂？」我轉頭問躺在另一個枕頭上的彼得。

「妳是這樣的啊，總有一段時間，就跟文藝青年一樣會陷入低潮，悶悶不樂的樣子。」彼得想了一想後這麼回答：「不過這次的低潮感覺有點久……」

「妳正在煩惱什麼嗎？」彼得用一隻手支起頭，側過身看著我的臉。

「認真想的話其實什麼都沒有。但全身上下好像腸子被縫起來一樣，肚子脹脹的，吃的東西卡在一起沒辦法消化。」我說。

「那要怎麼辦？」所有身體不適的症狀中，最能引發彼得先生焦慮的便是消化不良，他憂愁地揉著臉抓著下巴的鬍渣，一臉國之將亡的忠臣表情。

「我又不是什麼都知道。」我搖搖頭，用手機把隔天的鬧鐘調整好，翻身不再多說。

一如往常，我們躺在柔軟的床墊上，面對無法解決的問題，進入漫漫無語的夜晚。

我經常出國。因爲工作的因素，常常要出差，坐過很多次飛機。

有一回我把護照攤開來數，在一年之內，我去過三十八次香港。

我有一個朋友，她在那一年離職。她說她愛上一個男人，決定要跟他到國外生活，她告訴我她的父母簡直要氣瘋了，可是她決心要義無反顧。「妳呢？」她問我：「最近在忙什麼？」

我忙得要命，可是不知道自己在忙什麼。

在飯店時，我最喜歡的事情就是叫客房送餐，窩在被子裡只伸出手跟嘴巴吃飯，露出眼睛看電視，等著明天到來。當年得到文學獎的短篇小說——〈阿媽的事〉，就是我在出差時，坐在浴缸裡面拿著筆記本寫的，證明了旅行中的我很寂寞，一個人的時候只有感傷的回憶陪伴我。

算算工作至今已經七年了。除了去年十二天的蜜月旅行，我不太停下來爲自己做出什麼破壞性的決定。這是我的第二份工作，第一份工作與第二份工作之間我只度過了兩天的週休。我到現在都記得，新工作第一天上任時，我上午進公司領了門禁卡跟電腦，下午就坐飛機到雪梨出差去了，我還保留著那時候的照片，年輕、勇敢，一個人走在橋上背著背包傻笑，我甚至去了雪梨的動物園。

那次的動物園之旅，現在想起來很好笑，我一個人買了票，坐了船，接著坐纜車，一路上遇到的都是家庭成員一起出遊，我只能一個人用中文對著自己說：「啊，袋鼠！」「啊，無尾熊！」然後不停地自拍。我在斑馬那一區停了很久，斑馬一直是我很著迷的動物，我去每個動物園，不看到斑馬是不會離開的。說起來我那時可能把斑馬當成我的外國朋友。

這陣子我不快樂。不是誰的問題，我就是變得不容易高興，每件事情都可以用很惡毒的方式看待，天眞不再是我的基本配備，有點像五星級飯店的自助早餐，要加錢才可以買。

然後痛苦是時不時的。在工作上，沒有人長時間給我過多的壓力，除了我自己。我盡量善待自己，累了就上床睡覺，可是這不過就是換一個方法工作，在夢裡我還是在寫email、打電話、處理客戶的問題。一天一天我熬著過日子，我不知道我有什麼毛病，我擅長拿工作的術語開玩笑，同事也很樂，可是其他關於生活類的笑話我一個都想不出來。當其他人說起別的我不是很熟的東西時，我只能用工作相關的邏輯去思考，因爲這樣我才能理解過來。

我變成一個有點專業但有點無趣的人，這誰都不能怪，事實是我越來越難以取悅了。

某天，我讀到一個羅馬詩人奧德維寫的：「我的生活不能有你，也不能沒有你。」我想那就是我跟工作的關係。

這一段日子，我總是自問：「這是我想要的嗎？」「這是我的理想生活嗎？」「我要這樣過一生嗎？」

答案可以是肯定的，也可以是否定的，不過我實在無法決定，我想不出答案的主因是，這一生我一直只走在同一條路上，旁邊有很多人跟我走著一樣的方向，就像高速公路上的六線道有很多車子咻咻咻地加速一樣，只有快慢，只有前後，沒有理想不理想的問題。

一天晚上我做了一個夢。

夢裡面我是一隻毛毛的老鼠，掉到水裡去，我一直游一直游，奮力地爬上岸，然後驚醒。我忘不了夢裡面自己倒在泥地上，身上的毛濕漉漉地貼在皮膚上的感覺。

「我、我想了很久，決定要休假一個月。」

終於忍耐不住，一天下午我約了老闆面對面，支支吾吾地說了這個。

我沒有說的部分是，「我必須休假一個月，想一下自己到底在幹嘛。」

說出這個實在有點丟臉，我都三十多歲了，還說出這種，對人生搞不清楚的笨話。關於假期，其實我沒有把握老闆會同意，沒想到他勉爲其難同意我的休假計畫之後，我更沒有把握自己要做什麼才叫有意義。

我回家跟彼得說我成功了，要請假一個月，出國尋找一些說不上來的什麼。我其實不一定要旅行，我只是想躲。

「我跟妳去。」他說，斬釘截鐵的神情，又讓我想起屈原這類的忠臣，站在懸崖邊，被風呼呼吹著臉，準備好一躍而下的態勢。

「你可以請這麼久的假嗎？一整個月都不上班？」

「不知道啊。」彼得先生雙手一攤，「可是妳自己一個人去不好啦。」

「爲什麼？我常常一個人出差啊。」

「妳這次出國，是打算要變得更快樂不是嗎？」

「嗯。」

「那我們一定要一起啦，我也要跟妳一樣快樂。」

彼得先生露出憨厚的笑臉，在我面前搖著身體，他扯著嗓子，憂傷地模仿天后的八字眉，高唱起來：「我要快樂……我要能睡得安穩……」坦白說，他到底還能多快樂啊？

距離出發還有兩到三週，我申請了一些採訪的機會，特意選了一些跟工作絲毫沒有相關的人事物，主題是醫院跟安寧療護。這大約會占去兩週的時間。

多出來的時間，我該做什麼？跑來跑去還是定居在一處？寫文章還是出門去？花很多錢還是很少錢？對自己的人生要求，是上樓梯還是下樓梯？。

我強迫自己不要變成旅行社，非要把每日行程全都規畫好才能安心，我強迫自己見機行事，爲所欲爲。這七年工作學到的經驗與按部就班的做事態度，我要拋棄一個月。

我決定去遠方。瑞士是第一站，就這樣，此時此刻，沒有更多。

我訂了機票跟頭三天的旅館（剩下的二十七天我會在哪裡，或是做什麼事目前一點頭緒都沒有），我挺起胸膛，把自己跟職場隔離開來，說走就走，義無反顧。

14

啊，懷孕了嗎？

Oops I'm Pregnant

有一次，我在婦產科診所做例行性檢查。

旁邊是一個產婦，被一片薄薄的簾子擋住，護士進進出出，她發出悽慘無比的叫聲，大概孩子就快要出生了。

聽著她痛苦的聲音，我很羨慕也很同情，真希望自己有一天，也會大腹便便，盼著自己的孩子。

「原來妳在這裡啊。」彼得這時從外面走了進來，我點點頭。

「咿……啊……」隔壁的產婦高分貝地尖叫起來。

「咦？」彼得放下公事包，一陣東張西望，「奇怪，什麼聲音？」

我指指右邊簾子的方向，對他抬了抬眉毛，露出溫暖的微笑。

「咿……啊……」

「啊，妳聽，」彼得雙手一拍，大聲說話：「有雞耶！這裡怎麼會有雞？現在幾點了，為什麼有雞在叫？」

隔壁的產婦不叫了。

一片安靜，我滿臉通紅，而彼得忙著把手機拿出來查看時間，伸長脖子找那隻雞。

我記得發現自己懷孕，是在我最不想懷孕的時刻。

那時候彼得先生與我，正準備搭上飛機展開一個月的歐洲旅行。

在繁忙的打包行李的過程中，我想起自己的生理期似乎遲了一天。我獨自一人跑去附近的藥妝店，買了一枝正在特價的驗孕棒，然後坐在馬桶上，看見兩條粉紅色的線，輕輕巧巧地浮出來，像雨後的彩虹，倒映在湖面上，有一點模糊、有一點飄搖。

「啊，不會吧。」我自言自語，不知道怎麼辦才好，先是把兩條線拍了一張照，傳給正在上班的彼得先生，然後打著哆嗦，準備去上班。

「咦？」彼得先生搞不太清楚，回傳了一個充滿疑問的卡通人臉給我。「這是什麼東西？」

「好像懷孕了。」我回傳給他。「你看有兩條線。」

「哈哈，該不會是妳自己用原子筆畫的吧……」

就因爲彼得這樣說，我也開始半信半疑，我向公司請了半天假，直接出發去婦產科診所。

在這之前，彼得與我曾經認真地嘗試過懷孕，可是好幾個月下來，一直都沒有消息。

當了某人的妻子，就好像蝸牛背上了新的殼，有新的責任義務。尤其是結婚後，每個人見到我，總是問我生孩子的想法跟進度。

我原先不以爲意，可是隨著時間滴答滴答地走，從某一個時間點開始，我居然變成整件事裡面最在意的人了。

那一陣子我開始研究懷孕這件事，不研究還好，一研究起來，才發現中獎機率這麼低。自從獲取許多關於排卵期、基礎體溫、著床降溫，這些與生殖系統相關的知識以後，對於生孩子這件事，我變得無比認真起來。失敗對我來說很難受，有好幾個月，一次又一次，我過著每個月都戰敗一次，宛若傷痕累累的小兵般的日子。

個性倔強對於受孕這件事一點好處都沒有。我懂這個道理。但要我因此放手不再堅持，就好像要中國小姐不再隨便照鏡子的意思一樣，並不是說說就可以的事情。

有一天，躺在床上的我看見一隻小蜘蛛，居然因此難過起來。因爲前幾天大蜘蛛被彼得趕到陽臺去了，可是就在短短的幾天裡，牠生了一隻小蜘蛛，而我什麼都生不出。

再加上時不我予，我得在排卵期出差，出差的那幾天，我生了一場大病，只能平躺在床上，一站直肚子就痛，成天就是從臥室跑到廁所，再從廁所拖著身體走回床鋪。

那段日子我少見地陷入了生活的低潮，我經常加班，忙碌、疲倦、忍耐。覺得自己什麼都有，卻又什麼都沒有。

「或許我們這一生都沒有孩子，是上天的另一種恩賜吧。」有一次我萬念俱灰地告訴彼得這段話，「再這樣下去我受不了了，不如我們放棄吧，好好地過日子，兩人去旅行……」

在黑暗中，彼得沒有回答我，他默默地看著我把體溫計丟到垃圾桶裡，什麼都沒有說。

然後我居然懷孕了!?

好像失志的考古學家突然在小巷子撿到恐龍化石似地，我捏著驗孕棒，小心翼翼地放到皮包的暗袋中，走進了一家婦產科診所。

替我檢查的是個謹慎小心的年輕醫師，他戴著眼鏡，替我照了陰道超音波，「什麼都看不到……」醫師露出憂慮的表情，他好像剛動完近視雷射手術的病患，坐在視力檢查表前面，瞇著眼睛歪著頭說：「奇怪，應該要看得到胚胎了，可是怎麼會什麼都看不到……」

「那現在怎麼辦？」穿好褲子，我坐在診間提問。

「只好下個星期再來看。」醫師回答。

「不行啊，」我搖著手，這可不是熱門電影買不到票，只好再買下一場的概念。我向醫師解釋道：「我過幾天就要出國了。」

「妳要去哪裡？」

「歐洲。」

「要去多久？」

「一個月。」

這時戴著眼鏡的單眼皮醫師用盡力氣把兩隻眼睛撐了起來。

「哎喲，那可不行。」

「可是我一定要去啊。」我堅持著，這是我的歐洲壯遊計畫，我工作了好多年，終於下定了決心，排好休假，一生一次非去不可。

「妳不知道事情的嚴重性，」醫師長長嘆了一口氣，「驗尿結果顯示妳懷孕了，子宮內膜也在增厚中，代表妳的身體已經開始準備整個懷孕的過程……可是喔，這個時候我們卻發現胚胎不在子宮裡，那它究竟是在哪裡呢？」

那它究竟是在哪裡呢？

有點像戰爭就要開始了，戰馬、兵糧都備好了，小兵們排成好幾列縱隊，磨刀霍霍，這時將軍卻不見了的意思。我在心裡想。

「有三種可能。」醫師又長長地吸了一口氣，他緩緩地伸出三根手指。「一、胚胎受精時間比較晚，再等一下它就自己跑出來了。二、胚囊萎縮，就是受精卵長到一半不健康就自行變小了，所以我們看不到。第三種可能是……」

這時單眼皮醫師突然停了下來，他把兩隻手都放到桌上，身體前傾，露出這個很重要的神情盯著我看，「這也是我認爲機率最大並且風險最高的可能，就是子宮外孕。」

「喔。」我點點頭，跟著覆誦了一遍：「子宮外孕。」

醫師見我一副無法入戲的臉，憂心忡忡地又把身體更往前了一些。「這代表受精卵走錯了路，在輸卵管停了下來，以爲那裡是子宮，然後就著了床，健康地繼續長大，如果不適時處理，妳的輸卵管會爆掉，引發大出血……」他像是講恐怖故事的臉望著我，露出司馬中原的中國人怕鬼，西洋人也怕鬼的表情。

「那怎麼辦？究竟什麼時候會爆掉？」我覺得自己應該有點害怕，但對於醫療知識的無知，在這個時候，有效地起了保護作用。『我就要出國了啊……」

「妳現在哪裡都不能去啦。」醫師看著我，以一種妳眞是不可多得的愚婦的眼神，「總而言之，下個禮拜同一時間，一定要回診。」

上個星期，爲了取得最好的機票價格，我還信誓旦旦地跟旅行社訂了不可取消與更改的機位，覺得自己非常聰明，現在一個看不見的胚胎，正在茫茫大海中尋找方向，我的輸卵管（左邊右邊各一條），大聲嚷嚷著可不能冒這個險哪！

我坐上計程車，拿著回診單，跟信封裡的電子機票疊在一起。

「怎麼樣？我們還是去歐洲嗎？」彼得先生在電話的另一頭詢問，跟我一樣，他的無知正安穩地保護著他，把他緊緊的包裹在懷裡：『別忘了今天我們要去買雪鞋喔，我想好了，買中筒的比較好……」

我簡直就要哭了。

因爲迷途的受精卵，我們無可奈何地將旅程延了一週，交了幾萬元罰金。

某一天夜晚，我突然想起什麼似地，鄭重地跟彼得說：「我想我們應該去另一家婦產科檢查一下……」

「咦？不是排好下星期三去原來的診所回診嗎？」

「可是我很擔心……」我靠著抱枕皺著眉頭，「萬一又照不到胚胎，機票怎麼辦……」

「嗯嗯，妳說的有道理，我們的確可以聽聽別家的意見，」彼得想了一下，「不過今天是星期天，又這麼晚了……」

「我不想再等了，」我急躁起來：「就算是星期天，一定還是有婦產科在營業的啦……」

我立刻打開電腦，熱切地搜尋起來，彼得見狀，也啓動手機搜尋加入我的陣營，我聽見他對著螢幕語音說話：「臺北市，星期天，營業到晚上的婦產科。」

十幾分鐘後，我們找到了一家婦產科，在中山區的某條街上。

「好像懷孕了……」在小小的診所裡，我對著高大年邁的醫師說明。這位醫師儘管上了年紀，但體格壯碩，聲音宏亮，有著一雙如老鷹般的雙眼。

「好，躺上來，褲子往下拉，露出肚子。」他拍拍旁邊的床，給了我清楚的指示，接著便在我的肚皮上，擠上一些冰涼透明的潤滑液體。

「請問醫師，以現在的週數，不是應該照陰道超音波嗎？」我懷疑地問。由於之前蒐集了一些資料，我知道在懷孕初期的時候，因爲胚胎還太小，腹部超音波無法顯示，所以必須採取陰道超音波的檢查方式。

但老醫師沒有聽到我說話，他沒有看我，微張著嘴，用儀器在我的肚皮上滑了一陣子，定定地用搜尋獵物的表情盯著螢幕。一分鐘後，他又大聲地命令：「什麼都看不到，下床，去驗尿。」

我不敢爭辯，趕緊下床，穿好褲子，畏畏縮縮地接過護士小姐遞過來的杯子，跑到另一頭的廁所去，裝了一些黃澄澄的尿液出來。

「嗯，好。」老醫師在檯燈下看著驗孕紙，接著像宣讀聖旨般地高聲表示：「妳是懷孕了沒錯。」

「可是我去別的醫院看，」我提出疑問，「他們說什麼都看不到，沒有胚囊。」

「最後一次生理期什麼時候？」同樣的，高大年邁的醫師聲音宏亮，沒有理我。

我膽怯地報上日期。

「這不是懷孕，什麼是懷孕？」像扔骰子一樣，老醫師把驗孕試紙丟到我面前，他指著兩條指示線說：「妳自己看，一粗一細，一深一淺，受精卵才剛剛發展起來，當然還看不到胚囊。」

接著老醫師拿起日曆，用原子筆的頭啪啪地敲打格子數日期。

「我告訴妳，給它三天，它自己就會跑出來。」

「它是誰？」我搞不清楚。

「胚囊。」醫師神祕地，瞇起老鷹的眼睛。

「但是，別的醫師跟我講，很有可能是子宮外孕……到時候輸卵管爆掉……要進行手術……」

這時戴著老花眼鏡的醫師抬起頭來，他好像業務老鳥聽到什麼荒謬的產業八卦一般，用不耐煩的口氣，伸出食指大聲地跟我說：「子宮外孕只有百分之一的機率，百分之一。」

「我問妳，**妳～有～那～麼～倒～楣～嗎？**」

我～有～那～麼～倒～楣～嗎？

我震驚得不知道該如何回答，只好跟老醫師對看，等待他的審判。

下一秒鐘，老醫師又用一樣的聲量，大聲而確切地，一字一字地拉長音調宣布答案：「我告訴妳，妳～沒～有～那～麼～倒～楣。」

沒問題的，戰爭就要開始了，戰馬、兵糧都備好了，小兵們排成好幾列縱隊，磨刀霍霍，不要緊張，再等一下，將軍馬上就會來了。

想了一下，鎮定心情後，我又問：「那我下星期要出國一個月，可以嗎？」

「可以。」

「出國有沒有需要注意的地方？」

老醫師不動如山，說話鏗鏘有力，彷彿一尊老神在在的不倒翁，怎麼樣都考不倒似地，不管我問什麼，他早已準備好各種確定的答案。

「跟所有國人一樣，出國旅行就是要注意安全。」

「喔，好。」我點點頭。

「等妳回來再來檢查。」這時老醫師再度拿起日曆，若有所思地看了一下，他放下原子筆接著說：「到時想拿掉小孩，也還來得及。」

「啊？」這下我更疑惑了，我趕緊澄清說明：「我不想墮胎，如果順利的話，我想要生下孩子。」

老醫師皺著眉頭，用意味深長的眼神，好似人類第一次看見火似地，望著我。

換他疑惑了。

「嗯……妳要生下來啊……」他降低音量喃喃自語：「這倒很少見……」

這時彼得先生踱步走進診間，「不好意思，剛剛我在電話中。請問醫師，有照到寶寶嗎？」

「確定懷孕。」醫師淡淡地回答，他指指我，又指指驗孕試紙，對著彼得告狀說：「欸，剛剛這位小姐，堅持說要把孩子生下來喔。」

老醫師一臉雖然這不關我的事，但口氣中帶有一點這下你麻煩了的感覺。

彼得先生站在一旁，還沒有反應過來。

「那個，他是我先生……」我牽起彼得的手，向醫師介紹。

狀況有點詭異。

「啊？」老醫師再度抬起頭，扶了一下老花眼鏡，露出恍然大悟的表情，「喔，原來他是妳先生啊……喔，原來是這樣……」

一時之間，診間的氣氛三百六十度大扭轉，連站在一旁整理床單的護士小姐都露出了奇怪的鬆懈笑容。

「那好吧好吧……」老醫師愧疚地搓著手，他突然很慈祥地說：「生下來好，生下來很好……」

現在換我覺得很好笑了。

或許這家從網路上搜尋出來，在星期天要營業到晚上的婦產科，平時處理的案情並不單純，彼得先生抓著頭，一副很無辜的樣子。

「那……請問要服用孕婦維他命嗎？」一陣尷尬過後，離開前我提出最後的問題。

這時老醫師已經回復原有的鎮定，他保持威嚴，用著言簡意賅的八字箴言說：「營養均衡，就不用吃。」

「我擔心去歐洲一個月，到時營養可能很難均衡……」

「一天一粒，多吃無益。」

「謝謝醫師。」我跟彼得先生趕緊點點頭，慌忙地離開診間。

站在診所門外，我指指門口的婦產科診所招牌，上面寫著專精無痛人工流產幾個字。

「那個醫師以爲你是皮條客還是經紀人咧。」我說，「而我是意外懷孕的酒店小姐。」

「爲什麼？」

「或許是因爲這個區域的婦產科都這樣，」我扭著臉，「也可能是剛剛看診的時候，你一直接電話忙得要死，把我丟在診間就跑了，不太在乎我……」

「哈哈哈，難怪被誤會，」彼得先生大笑了起來，他拉著自己的夏威夷花襯衫說：「妳看，我不過是帶老婆看個婦產科，竟穿得如此亮麗啊……」

三天後，我們回到第一次檢查的婦產科診所，果然不出所料，小心翼翼的單眼皮醫師，終於照到了在子宮裡安全降落的橢圓形胚囊。

「嗯，太好了，最壞的情況沒有發生。」醫師露出淡淡的微笑，「恭喜你們有寶寶了。」

「我告訴妳，給它三天，它自己就會跑出來。」彼得在我的耳邊，小小聲地，戲謔地模仿另一個老醫師的口氣。

「那我們可以出國了吧？」

「嗯……」單眼皮醫師謹慎地推推黑框眼鏡，恢復原先的緊張神情，他煞有其事地警告我們說：「我個人建議還是要等到看到胎兒心跳以後，再出國比較好。」

「妳～有～那～麼～倒～楣～嗎？」

「妳～沒～有～那～麼～倒～楣。」

那個有如占卜師的鷹眼老醫師，老鳥般的堅定口氣，又迴盪在我的腦海裡。

我們沒有聽從謹慎醫師的個人建議，他太憂慮了，無益於我一心只想要快樂的心情。隔天，彼得跟我開開心心地搭上了班機，隨身帶著小小的胚囊，二加一，前往歐洲旅行。

15

天鵝的外流問題

The Outflow of Swans

為了即將到來的家庭成員，整段歐洲旅程中，彼得都在練習說童話故事。

「從前從前，有七隻小羊，牠們的媽媽出門了，留下小羊看家……

「咦，這個會被通報吧，大人丟下小孩自己跑掉了……

「好啦，繼續講。大野狼來了，牠想要吃小羊，在門外裝成羊媽媽，要小羊開門，小羊不開門，說牠的聲音跟媽媽不像，於是，大野狼趕緊跑到麵包店，把腳用麵粉塗成白白的，假裝成羊媽媽的腳……

「欸，說實在的，既然大野狼已經去了麵包店，幹嘛不順便買麵包吃啊，這樣肚子就飽了不是嗎？來來回回跑連我都餓了……

「好好好，講到哪裡了？喔，小羊們對著大野狼說：『先把你的前腳伸出來，好讓我們看看是不是媽媽的腳！』大野狼把腳伸到窗口，小羊們一看是雪白的，以為真的是媽媽回來，就討論要不要把門打開……

「等一下這合理嗎？狼的腳一看就知道不是羊的腳吧？差那麼多耶。

「算了算了，原來啊，這七隻小羊是早產兒，視力比較差……然後呢……」

夜越來越深了，原本簡簡單單的大野狼與七隻小羊的童話，因為彼得先生一直在中間停頓發表自己的意見，變成很長的一個故事。

「快點結束啦。」我睏得要命，「我們明天還要早起……」

「喔，知道了，想要快點結束是嗎？」彼得先生接著說：「最後七隻小羊就打開監視器，臉部辨識系統發現門外是大野狼，警鈴大作，保全來了，故事就到此結束。」

「你說什麼？」我睜開眼睛。

「嗯嗯，大野狼沒有發現，」彼得認真地伸出食指向我解釋緣由：「搞了半天，小羊的家住在遠雄二代宅。」

在瑞士蘇黎世的機場，彼得先生跟我在海關前面一起排著隊。

「耶，瑞士耶。」彼得先生東張西望，整條隊伍中，只有我們兩個東方臉孔，穿著厚厚的羽絨外套。

「咦？好像外國人都穿得很少。」他疑惑地表示：「難道大家都不知道少女峰有多冷嗎？」

「不是每個人都直接要去少女峰啊。」我指指旁邊穿著 T-Shirt 的年輕人，「他可能只是要回阿媽家。」

彼得先生點點頭。

「那妳有沒有想過，爲什麼少女峰要叫少女峰呢？」彼得先生問

「我不知道耶。」我說。

「爲什麼不叫少男峰？」彼得搔著自己的頭：「少男也是很可愛啊。」

「少男峰……」我扭著臉。「聽起來就不是很那個……」

「欸，妳不要歧視高尚的少男。」彼得伸出食指指我。

我陷入沉思。

「啊，我知道了啦，」一陣子過後，我拍了一下手：

「之所以叫少女峰，可能是以前登山客都是男人啊。你想想，那些男人好不容易爬了那麼久的山，終於爬到了山頂，可以大聲的吹牛說，喔耶我征服少女了。」

對不對、對不對？我覺得自己很有邏輯，喔耶喔耶地學著男人展示肌肉。

「對喔，妳說的有道理，」彼得居然被我的胡扯說服了，他若有所思同意地點點頭，感慨地表示：

「畢竟誰想大老遠地來瑞士，只爲了征服少男呢？」他露出一副大徹大悟的智者表情。

認識我的人都知道，我其實是一個很宅的人。

如果沒有什麼事，假日我喜歡待在家，所以可以猜得到，當旅遊的時候，我待在飯店裡面的時間，也比一般旅人長很多。

先從介紹一家特別的飯店開始，名字叫做 Park Weggis。

這是一家位於瑞士小鎮——韋吉斯（Weggis）的度假飯店，不在鬧區也不在城市，從瑞士的琉森市（Luzern）搭火車過去，抵達屈斯納赫特（Küssnacht am Rigi）車站，需要三十分鐘左右，從一八七五年以來就是當地一家知名酒店，大部分的訪客是瑞士人跟德國人，它在一個很安靜的區域裡，尤其是準備進入冬天的這個季節，我仔細算過，非假日的午後，在飯店附近散步的一個半小時中，只遇到五個人，其中一位是郵差。

這家飯店並不是很大，沒有夜間噴水池或豪華的接待大廳這類的設施，好像也沒有必要，五十二個房間，整體帶著一股溫暖與仔細的氣質，加熱的無邊際游泳池，藏有好酒的私密酒窖，提供盲眼品酒，服務人員聚精會神地拿著人耙子刷刷地把落葉集中在一起。我很喜歡瑞士人，尤其是鄉間的瑞士人，做事謹慎而認眞，打招呼的時候，笑容都是穩定而眞誠的，好像從來沒有想要傷天害理的企圖。

停留在這裡的時間，我除了散步跟坐在椅子上面看湖以外，幾乎沒有其他的事情可作。優美的瑞士，物價很高，隨便做一些事情都要扒掉一層皮，吃個飯坐個船肌膚都有燙傷的感受，好像要花一個小時沖脫泡蓋送。

幸好湖面很大，酒店就正對著湖跟山，幾條不同的健行步道也都有兩個小時以上的路程，這麼奢侈的風景居然不用花錢，走著路都有一種心情逐漸安穩下來的感覺。

說到安穩，我不得不承認那是漸漸融入鄉間之後，才發展出來的心情。

第一天，我們到了韋吉斯，把行李放好，時間才過了四個小時左右，我就哭了。

名副其實的流出眼淚來的那種哭，彼得先生跑過來問我發生什麼事，我告訴他我想家了，這裡太安靜，沒有事情做，啪啪啪拍了幾張照片，哇哇哇地讚歎大自然之後，我不知道怎麼度過後面的幾天。聽起來很矯情，卻是再眞實不過的事件，很難解釋城市人心裡也有很脆弱的角落，我沒有辦法戛然停下，無所事事就像是一個恐怖箱，讓我看不清楚，不知道將要摸到什麼，就因爲焦慮而虛弱下來。

我想起小時候，曾經參加過學校的演講比賽。抽到的題目是「如何打造一座城市花園」，我根本不明白這個命題，可是只有五分鐘準備，後來我亂講一通，還一邊做著頭頭是道的手勢，簡直是莫名其妙。這些天散步的時候，我又想起了這個事情，長到三十幾歲，我還是不知道要怎麼打造城市花園，到底是城市裡有花園，還是花園裡面建城市，不過要是剛好有人在做這個相關工作的話，韋吉斯倒是一個很好的範本，這裡是上帝爲城市人打造的甜蜜小花園。

韋吉斯有眞實的黑夜。

所謂眞實的黑夜，就是入夜後，只有路燈跟路人的夜晚。原來在湖邊行走的船不見蹤影，幾乎沒有商家營業，眞實的黑夜有一種溫柔而堅定的口氣，天鵝把頭彎進側邊的羽翼裡，寂靜的水面蕩漾著弧形的線條光影。經過幾天這樣的夜晚以後，我才明白城市人的疲憊，可能是因爲沒有所謂眞正黑夜應該有的界線。

相對的，韋吉斯也有眞實的白天，可以走路，可以坐船，如果事先預訂的話，還能坐馬車。

第一天我按著地圖走，飯店的櫃檯人員很專業，精確地告知我走到哪一個點，大約要花多少時間，「三十五分鐘後會遇到一個白色房子蓋的Cafe，累的話可以在那邊休息吃蛋糕。」其準確度讓人嘖嘖稱奇。後面的幾天，因爲安全感順利建立起來的關係，我就是圍上圍巾，照著心情散步，天慢慢亮起來後，草地跟山坡有青澀的味道，大約每十分鐘，就會碰到一些羊跟乳牛。

這裡不是印象西湖，也不是拉斯維加斯，它不是旅行社會安排給遊客的景點，它不用鮮豔的羽毛或是濃縮的汁液來展現甜美，所以如果旅人來，需要停留多一點時間，拿掉相機，把湖走完，把心情調整到一個可以藉由悠哉而達到充實的程度，或許就能看出大自然的湖光山色怎麼一拳擊倒大景點的五光十色。

猴急就看不出價值。如果要我形容的話，這裡是這樣的一個地方。

在餐廳裡，隔壁桌的男人止在高談闊論。

他們也是旅人，我聽見他說著關於啤酒的事。

「年輕的時候，我第一次喝啤酒，覺得好苦。後來漸漸長大，生活工作都是苦的，就越來越喜歡喝酒，也不覺得苦了。應該說，酒的苦，不過就是對照人生的味道，剛剛好罷了……」

因爲身體健康因素，我滴酒不沾，可是我聽著他發表意見，旁邊其他高大的男人一邊聆聽，一邊感觸良多的猛灌酒，覺得很有意思。

瑞士是我們歐洲之旅的起點站，離開韋吉斯小鎮，我們回到琉森這個城市。今天是來到琉森的第二天，這裡最美的風景，是座以木頭搭建而成的卡貝爾橋。建於一三三三年，在六百多年後，因發生撞船意外，在熊熊的火焰中燒毀，後來又重建。橋中間有一座由磚砌成的八角形水塔，是多功能的建築，用作監獄、拷問所、瞭望臺及保險庫，放一些珍藏的寶藏。

彼得先生盯著橋下的天鵝看。

「你在想什麼？」見他露出疑惑的表情，我問。

「我覺得喔，這裡的天鵝比較大隻。」

「跟哪裡比？」

「跟我們前幾天住的鄉間小鎮比起來，琉森的天鵝都好大隻。」

我也探出頭看，悠悠划著水的天鵝，奇大無比，幾乎可以讓人騎上去似的。

「眞的耶，這裡的天鵝全都比較大隻。」

「好可憐喔，」彼得先生搖著頭，露出同情的表情，「連年輕力壯的天鵝都從鄉下到城市來打拚了，職場如戰場，果然到哪裡都有人才外流的問題……」

來到琉森的第一件事，我們試圖規劃要遊歷的景點。

旅行社的一日精選行程是舊城觀光，霍夫教堂、獅子紀念碑，皮拉圖斯山與鐵力士山二選一，我看見很多跟團的旅客小跑步地行走著，啪啦啪啦地擺姿勢拍照，一個接著一個，著急而朝氣滿溢，旅遊中心的服務處也發放了各種登山活動的小冊子。

氣溫不高，大約五度，天氣卻出乎意料的晴朗，好像熱情的男孩，大聲唱著歌，殷切盼著美麗的姑娘。

我們走在橋上，來來往往有各國的人，河道邊都是餐廳，大家坐在戶外，豪邁的男人喝酒吃飯，黃澄澄的啤酒浸濕了鬍鬚，擦著鮮紅口紅的女人，拿著小小的杯子蛋糕，眼神很美。

大部分的人都露出很滿意的表情。

我想起自己住的城市，上班時間的捷運車廂，人也是好多，這陣子臺灣正值選舉，每天都有媒體提醒我們生活過得很苦，其實在琉森的這一群人與家鄉那一群人，主要差別就是對人生的滿意程度。想像實驗室裡的U形管，紅色的液體是滿意，藍色的液體是絕望，人生過得好不好，最終都變成比例問題。

大多數的時候，我都在街道走路，幾個重要的景點經過思考後決定不去，因為懶散，彼得與我選擇兩個整天都待在琉森最美的地方，不要去想第二跟第三名。

「我覺得我們出來這麼久，應該買一些瑞士的名產回去。」散步的時候，彼得先生提出這個建議。

「那麼所謂的瑞士名產，是什麼呢？」

「這就是麻煩的地方，我對瑞士的了解很少啊……」

「瑞士有名的就那麼幾樣，你盡量想想看嘛。」既然時間很多，我鼓勵彼得多多思考。

「瑞士有名的就那麼幾樣……」彼得先生陷入深思。

我取下太陽眼鏡，瞇著眼睛拍起照來。鮮紅的花朵沿著湖畔盛開，推著嬰兒車的母親帶著笑意緩步前行，娃娃咿咿呀呀地哼著歌曲，伸出小小的手來摸著花瓣。

「我想到了，妳知道哪裡可以買到瑞士銀行本票嗎？」

「什麼？」我放下相機。

「賭神都會說：『我這裡有一張瑞士銀行本票，價值三千萬美金。』連新加坡賭王陳金城都要買單，應該是很好的伴手禮。」

看著彼得正經八百地說著這些荒謬的句子，襯著背後瑞士的湖光山景，我臉色一變，抬起手要打他。

「喂喂喂，妳看看窗外，這裡不是公海，」彼得先生向後跑開，他指著我大聲地說：「我聚賭……最多罰三千，妳殺人可是要關一輩子……」

這兩天，我把旅遊這件事想通了一些。

常常看見旅遊書會寫著「那些景點等著你喲，不要辜負寶貴的時間」這樣的話，其實並不正確。景點一直都在那裡，沒有等著誰，時間要怎麼被寶貴的珍惜，只有人類自己的安排與決定而已。

前天做了一個採訪，對方是個臨終病患。他說：「等到眞的要死了，才知道並沒有死前非去不可的地方。我只想要跟重要的人在一起，說一些話就好。」

我想他說得有一點道理，所謂死前一定要去的十個景點，畢竟是出版社的煽動書名。（眞的快要死的人看這種書籍也是徒增煩惱啊！）

於是我把登山小火車的錢用來吃甜點，至於將來會不會後悔，留到以後再說好了。

越來越多天鵝靠了過來，因爲時間很足夠的關係，我們坐在岸邊觀賞了一陣子。

「或是去哪裡可以買蘇黎世產險？」關於瑞士名產，彼得先生又想起什麼了，「電視常常廣告這個，好像很可靠。」

結婚越久我越明白，彼得先生，他跟我是完全不一樣的人。有時候我想不通自己爲何要嫁給一個完全不一樣的人，可是事情已經發生了。

大片透明的湖面，天鵝滑著黑色的蹼游來游去，有一隻甚至上岸跟人互動起來。我私心覺得天鵝之所以可以優雅，是因爲牠們知道去哪裡都差不多，保持白白的，不用急，理理羽毛，慢慢過日子就可以。

關於人生跟啤酒的滋味，「喂喂，你知道爲什麼人生就像是啤酒嗎？」戶外餐廳那個似醉非醉男人露出笑容，好像藏有什麼祕密似地給了答案：「因爲從瓶子外面看起來很厲害，其實**倒出來有一半都是泡泡呀……**」

同桌的人都嘻嘻笑起來，到底人生是什麼，沒有人想要在這時候追究。他們拍拍正在說話朋友的肩膀，然後拿起酒瓶，接著又倒出了更多泡泡來。

16

奶油小生的兔子

My Pretty Charming Darling Husband

彼得先生是男生，所以經常要背負男生不可以隨便害怕的枷鎖。

我發現他最近找到一個方法來解決這個問題。

有一天，他目擊一宗槍擊血案在我家巷口，一臺車子裡有一具屍體，車門打開時人已經死掉了，警方圍起封鎖線，地上有一灘血。

彼得先生打完球看見這個，他心有餘悸地跑進家門，描述了實情經過，接著便問：「妳要不要過去看一下？」

「為什麼我要看？」

「因為妳可以替我看一下，看看是不是很恐怖啊。」

彼得先生扭著球衣，說什麼都要我馬上出門，去巷口關心案情。

YouTube 上曾有一則影片，標題看起來很養眼，叫什麼誘惑的，但實際上，是一段古代殘忍的暴刑分屍案。彼得先生好奇地點進去看，結果嚇出一身冷汗。

他緊張地說：「五馬分屍有夠恐怖的，腸子都流出來了……欸，妳要不要看一下？」

他不等我回答就馬上打開影片，把螢幕湊到我臉上。

我發現，每次他很怕的時候，都需要我去幫他「看一下」。

好像那樣就會好一點。

之前的地震，彼得先生一個人在家。

地震一來，他嚇得五秒內穿好褲子上衣，激動地跑出門外（我家在一樓，屬於驚嚇程度最低的樓層），想要跟管理員抱在一起避難。

沒想到身材壯碩的警衛很正常地坐在椅子上看報，對方冷靜地說：「咦？地震喔？」一副無所謂的樣子。

剎那間，彼得先生只好把顫抖的手，帥氣地插進口袋，酷酷地歪著頭說：「對啊，好像是地震。」

接著馬上躲到警衛看不到的牆角，打電話向我說：「大地震耶……家裡玻璃會不會破啊？總而言之妳快回來看看……」

有時候我想，他之所以會跟我結婚，可能就是因為太怕一個人了。

「如果，如果有一天我死掉了，你會想我嗎？」

在法國邊境的簡陋房間裡，我問著擠在小小木頭椅子上的彼得，彼得張開眼睛，把燈打開，

「問這個做什麼？」他有點惶恐地看著我。

「沒什麼，」我說，「只是想到我們兩個總有一天，有一個人會先死。」

我把江蕙的那一首歌〈家後〉拿來舉例說明，哀怨地唱了一段：

等待返去的時陣若到，我會讓你先走，
因為我嘛嘸甘～放你～為我目屎流～

彼得聽了歌曲，他沒說話。

「如果我先死掉了，我可以回來找你嗎？」我緊接著追問：「不過這樣你會不會怕？」

「我當然希望妳回來啊，不然我一個人好慘。」彼得露出可憐的神情。

「可是你這個人那麼膽小……」

「嗯嗯，妳說得有道理，」彼得換了一個姿勢，沉思起來，燈光照著他的半邊側臉，有點像月蝕。

「那我們先講好，等妳死了以後，盡量不要半夜回來喔。妳千萬不要穿白色的長裙，如果可以的話，把頭髮剪短一點，不能披頭散髮或中分。」

彼得先生伸出手指，向我列舉了幾項要求，嚴肅的死亡話題突然間變得有些好笑。

「啊，還有，不要趁我打電動的時候，從電視裡爬出來……」

「還是我像一個發光靈體一般的回來？」

「不行不行，」彼得鄭重地搖起手來：「妳難道不知道嗎？半透明的東西是世界上最可怕的，妳看看水母，搖搖晃晃地好像要散掉又沒有散掉，太恐怖了……」

「我沒有看過比你更膽小的人。」我搖著頭嘆氣。

彼得在一旁模仿著水母游泳的姿勢，打著哆嗦。

「如果是你呢？你先死的話，你會回來找我嗎？」我問道。

「我當然會啊，」彼得先生微笑起來，「回來找妳的時候，我會變成可愛的小兔子。」

「拜託是奶油色的。」我說：「我一直想要養一隻奶油色的小兔子。」

「好，就這麼說定，我會變成個性好的、奶油小生型的，小兔子。」他一副君無戲言的表情向我做出保證。

我很在乎死這件事。

小學三年級左右，電視臺播了一部電影，前因後果不記得了，只記得其中一個片段，是一個中年男子，下葬後，在自己的棺材裡面醒過來，他發現自己沒死，在地底下狂吼，拍打求救，卻完全沒有人聽到。

他後來絕望地死去了。

那部電影結束在主角閉上眼睛，手指鬆開的那一刻，我嚇得不能自已，我問坐在旁邊的爸爸：「到底死掉以後人會去哪裡？」

爸爸沒說話，後來我們走下樓，去外面的小攤子，喝了兩碗綠豆湯。

當然長大的過程中，又陸陸續續發生了很多事情，不過我從那個時候開始，就很關心死這件事。

這一次的旅行，我下定決心，做了一件工作以外的事情，我帶著彼得出發到歐洲去，爲了寫一個關於死亡的專題，一個月之間採訪了好幾位因爲各種原因而面臨死亡的患者，當然如果可能的話，也包括他們的家庭。

大約是每二至三天，我就會採訪一個人，每位受訪者因爲他們的身體狀況與個性的關係，採訪時間從二十分鐘至兩個多小時都有，其實說起來很不好意思，我也經常因爲自己的心態調整與體力狀況，單次能夠負荷的採訪質量也會稍有差異。

後來回到臺灣，每當有人問我歐洲之旅的感想時，我總是帶著一言難盡的表情說很特別，因爲絕對不是一般去玩的歐洲行程，非常多的時間花費在來往醫院以及與陌生人之間的對談中，所以不能說是無憂無慮的旅行。

儘管沒有走遍歐洲的景點，但我依然覺得這是令人難忘的一趟路程。之前我的寫作多偏向於小說創作，可以依照個人意願、想像力以及過往經歷，編輯故事的骨架。但這次的過程卻嚴肅很多，事先的準備工作，對於相關知識的了解，採訪現場的靈機應變，都影響了寫作的可能性。因爲受訪機構的規定，我甚至不能隨意攝影與錄音，事後若想到什麼需要補充之處，要再度聯絡當初的受訪者也有很高的難度，畢竟這些人都患有嚴重的疾病，也不像一般上班族，沒事就會收發信件。

很多事情就靠當下的抄寫與記憶。

幸好，那種記憶非常特殊，所以在我的腦海中，不會輕易被抹去。

以下摘錄一段我與受訪者相處的片段，她是一位中年婦女，三週前癌症已經發展至無法進行積極化療的階段，她決定出院，每月定期回診，接受追蹤與支持性的治療。

在醫院的地下一樓，我們一起吃午餐。

鮪魚三明治，夾著番茄、起司、蛋和一些薯泥。

「吃起來是什麼味道？」受訪者問我。

「番茄跟魚的味道。」我回答。

「番茄甜嗎？味道好嗎？」

「番茄很正常。」

「喔，不會吧，」受訪者搖著她因化療而失去頭髮的光光的頭，「妳說妳是作家，好歹也形容得有意思一點啊。」

我陷入詩意的番茄的深思裡，她在對面，把三明治分成好幾層，小口小口地咀嚼。

因爲多個器官都遭受到癌症轉移的關係，她變成一個骨感的女人，她告訴我，食物的味道都改變了。

「變成什麼樣呢？」我問。

「變成全部都一樣。」她露出苦澀的笑容看著我。

望著手上，切成一片一片的番茄黏著黃澄澄的起司，我決定好好努力想，爲她形容三明治的味道。

她離死亡很近。

她跟我說，從五年前發現了第一個癌症，該經歷的都經歷了，不會再繼續治療。

「最近我在整理家裡的東西。」她告訴我，想要把東西都分送出去，「我是個重視品味的人，不騙妳喔，家裡有很多好東西。」

儘管頂上無毛，兩頰凹陷，她笑起來還是有一種女人的濃烈氣氛，我爲她覺得可惜，她反倒安慰起我來。

「妳知道嗎？死掉當然不能算是可愛的事情，但也不一定那麼可怕。這一段日子，每個人都在床邊告訴我好多祕密，他們都用密度很高的愛對待我，這都是因爲我快要死掉了。」

她伸出手指一一列舉出一些死亡的好處。

「我常常想，還好我不是突然死掉，我是慢慢死掉。慢慢死掉之前，所有東西都會慢下來，時間會慢，說話也慢，擁抱也慢，心滿意足的感覺也可以持續比較久。我以前多尖酸刻薄，多愛爭辯啊，老是把人生搞得你死我活的，現在好多了。」

她用吸管喝了一口水，護士進來調整她的枕頭。「癌症讓我變得沒有敵人。」

採訪還剩十五分鐘。我把手上的訪談問題列表放下來。

「咦，沒有別的問題想問了嗎？我還不累。」

我搖搖頭，那些焦急的採訪提問，分秒必爭，我也不要了。「妳想說什麼就說什麼，我都很想聽。」

「那麼回到整理家裡的問題，」她眼睛一閃，「妳要不要洗髮精跟護髮乳？草本有機的好東西喲，嗯？我打電話請家人拿過來，統統都送給妳。」

「啊，洗頭髮眞好玩，」她摸著光光的頭閉起雙眼，好像聞到了花草的清香，「我跟妳說，妳一定要好好珍惜妳的頭髮，一根一根地去珍惜喔。啊，我好久沒有洗頭髮……」

見我笑著點頭接受她的贈與後，她撫著胸口，露出放下心中大石的表情。

採訪告一段落後，彼得與我到了一個小鎮旅行。

在瑞法邊界，一個名叫安錫的城市旅館裡的床上，背後墊著四個枕頭的我正在寫作。氣溫只有三度，爲了省錢，我們的房間非常狹小，沒有書桌也沒有空調，舊式的映像管電視機如同站在懸崖邊般，放在一個薄型的桌子上，淋浴間幾乎可以說是依照直立的棺材形狀設計。無論如何，在不習慣中，我依舊享受著缺乏與限制帶來的特殊感受。

彼得先生這時從浴室走出來，他抓著頭大聲問：「喂，妳知不知道為什麼歐洲的沖馬桶按鈕會那麼大一顆啊？」

「當我在寫作時，可以不要問這種討厭的問題打斷我嗎？」

我語重心長地向他懇求：「拜託拜託，算我求你……」

原來我跑到浪漫的歐洲，是為了感受臺北以外的生活，但是我忘了不論到哪裡，彼得依然是彼得。

聽到我的請託後，彼得先生立刻閉上嘴巴，露出識相的表情向我點點頭。他安靜了很久。過大的身體擠在旁邊的小椅子上，就像大猩猩坐在火柴盒裡，小力地吸氣吐氣。

塗著淺藍色油漆的狹小房間，沒有對話，也沒有音樂，只發出喀噠喀噠打字的聲響，窗戶外面偶爾飛過的烏鴉在叫。

一陣子過後，我終於停下來喝水，「你知道嗎？這麼一小瓶水，居然要三塊歐元（約臺幣一百一十元）。」我露出不可置信的表情。

「沒關係啦，妳盡量喝。」彼得露出難得的崇拜眼神，他感慨地說：「剛剛我坐在這裡看，**我有一種感覺，妳快要變成馬克吐溫了。**」

我不知道彼得先生哪來這種感覺，也不確定他知不知道馬克吐溫究竟是多偉大的作家，可是我很滿意他的諂媚。

「那麼，你覺得我跟馬克吐溫哪裡像呢？」我不滿足，還想要多聽一點。

「因為妳上次有說，馬克吐溫好像也是在水邊寫作的樣子。」彼得先生回答。

問下去。

「是湖邊，瑞士山腳下的湖邊啦。」果然不能細究我與馬克吐溫的相似之處，我決定不再

雨嘩啦嘩啦地下了起來，像跟仇人討債似地激烈下在河面，綠綠的河變出各種波紋。現在或許不是完美的觀光季節。

「是冰雹耶。」彼得探出窗外看，他興奮地叫著：「哎喲，有個胖小弟被冰雹打到了，好好笑，這個錯過太可惜，喂，馬克吐溫妳快來看。」

我覺得人生裡面有彼得先生很美好，歲歲年年，有一個這樣的夥伴，一起吃飯一起玩，對方還會不時地用誇張的、毫無邏輯的方式讚美妳，簡直死也無憾。

我想起一首古代的詩，勸君更進一杯酒，西出陽關無故人。

短短人生不就是這樣嗎？如果可以的話，在各種條件下多享受一點，因爲走出生命這一關，舞臺後面是什麼，誰都不知道了啊。

「等一下天氣好一點，我們就去散步吧。然後大吃大喝，不要管錢的事情。」

在冰雹掉到河面的咚咚聲響中，我望著彼得開始穿衣服跟鞋子，他像是終於被釋放的犯人一般，蹦蹦跳跳地拿著隱形眼鏡走到鏡子前面，又坐到床的另一頭穿上彩色的襪子，高高興興地準備出門。

我知道我們兩個總有一天，有一個人會先死。
不過在死之前，好好珍惜的話，還有很多好日子可以過吧。
要像頭髮一樣，一根一根去珍惜。我這麼想著。

「我穿好鞋子了。」彼得先生大聲宣布著。

走吧，趁還來得及之前，我們一起看看這個世界。
親愛的、個性好的、奶油小生型的，我的小兔子。

17

緩緩地搖醒我

Slowly Wake Me Up

我有點認床，在飯店的夜裡輾轉反側睡不著。

彼得先生興匆匆地提議繼續練習說故事，「妳有聽過溜走的烙餅嗎？」

「那是什麼東西？」

「就是從前從前，有一個烙餅，他聽到自己等一下要被吃掉，覺得很害怕，所以就滾到桌子底下逃走了。

「他一路滾，滾到山坡，遇到一隻母雞，母雞問：『烙餅烙餅，你要去哪裡？』烙餅回答：『我怕被別人吃掉，所以我在逃亡。』母雞說：『別滾那麼快嘛，稍等一下下，讓我吃了你。』烙餅滾呀滾呀逃走了。

「後來烙餅在路上，遇到一隻鴨，鴨子問：『烙餅烙餅，你要去哪裡？』烙餅回答：『我怕被別人吃掉，所以我在逃亡。』鴨子說：『別滾那麼快嘛，稍等一下下，讓我吃了你。』烙餅又滾呀滾呀逃走了，接著烙餅遇見一隻鵝……」

「喂，」我抬起手來阻止彼得：「你可以直接講重點嗎？」

「可憐的烙餅一直滾，大家都想吃他，但都吃不到。最後，烙餅遇到一隻豬，」彼得揚起了眉毛，暗示故事即將進入最後的高潮，「豬問：『烙餅烙餅，你要去哪裡？』烙餅回答：『我怕被別人吃掉，所以我在逃亡。』豬說：『你坐在我嘴裡面吧，我帶著你游泳過小河，河的那一邊沒有壞人。』烙餅覺得有道理，於是答應了。」

「然後呢？」

「結果豬就張大嘴，把烙餅吃到肚子裡面去了。」

「什麼跟什麼嘛……好無聊的故事……」

「糟糕，我現在好想吃烙餅。」彼得先生說。

告別蘇黎世機場，我們來到阿姆斯特丹。

接近一個月的旅行，彼得先生已經成爲升級版駝獸，能夠神態自若，一個人拉著三個皮箱過馬路。

風塵僕僕地拖著腳步，坐了地鐵，一陣不算短的迷路過後，終於找到掛著高雅旗子的酒店。高大挺拔的門房人員穿著斗篷替我們搬了行李，他的笑容像好萊塢明星一樣燦爛，禮貌問好時發出薄荷葉子與橙香的口氣。

天氣越來越冷了，我懷念起家鄉裡，冒著熱氣的夜市。

旅行時間久了以後，我不再像個孩子，抱著去遊樂園的期待，我更像是個疲倦的城市人，意興闌珊，把頭放得低低的，望著自己的左腳右腳，一步一步前行。

但阿姆斯特丹搖醒了我。

我住在一個很優美的飯店裡，名字叫做華爾道夫（Waldorf Astoria）。關於飯店優劣好壞的判別，我有自己怪異而膚淺的小癖好，我覺得門房人員很重要，而這位服務人員，甜美專業的笑容中，潔白的牙齒排排站好，閃閃發亮，進而令我相信這是一家細節至上的美好酒店。

阿姆斯特丹的房子都是細長形地排列在一起，像是瘦瘦高高的男孩子，在早晨時毫無縫隙地站成一列準備參加朝會的樣子。然而房子內部卻寬敞得不像話，走進飯店時，彼得哇的一聲說著這裡面眞大，我也感覺自己好像穿過黑洞，來到了完全不同的地方。

泡在浴缸裡，我閉起眼睛休息。彼得先生在臥房走動，把行李拆開，將所剩無幾的零食拿出來。

「哎呀，根本就是被騙了嘛。」他喃喃自語，拿著大盒裝的小熊餅乾走進浴室來。

「怎麼了？」

「我想說小熊餅乾的大包裝，是不是裡面的小熊比較大，抱著這樣的期待買的，」他搖搖頭把拆封的餅乾拿到我面前，「妳看，結果裡面的小熊是一樣大的……」

「眞遺憾……」我伸出濕答答的手接過餅乾，把抱著胸口眼神無辜的小熊一口吃掉。

這個世界好大，可是小熊餅乾在哪裡都是一樣小。

這個規則讓我覺得心安。

彼得先生留了一包給我吃，他踱步出去繼續整理行李。

傍晚，天氣雖然冷冽但氣味清澈，我們決定出門閒晃，沿著運河閃過了好幾輛腳踏車，每臺腳踏車的主人，似乎都沒有踩煞車的念頭，因此對於行人來說，保持精神與朝氣好好把路走好是必要的。河水發出咕嚕咕嚕的聲響，我好像從冬眠中漸漸地甦醒過來的動物，對任何事情都還在適應的階段。阿姆斯特丹是一個適合外出步行的城市，我認爲跑步機的生產公司在此地無法生意興隆。

就在那一天，邊走著路邊聊天，我問彼得，他夢想的生活是什麼？

一直以來，我對於自己的夢想是很確定的。我希望寫書，寫很棒的故事，總有一天變成一位小說家，不用上班，每天就是走在路上，持續地看書跟幻想。

「那麼，你的夢想是什麼呢？」

彼得偏著腦袋想著我的問題，露出困惑的表情。

我試著引導他：「如果不考慮錢，你最想達到的是什麼樣子的人生呢？」

我們走過一家咖啡店，轉進住宅區的小路裡。

「嗯，有很多小孩在身邊，有一個幸福的家庭，變成一個很棒的大家長的人生。」

他說出了這樣的話。驚人的、誠心誠意的夢想。

「只有這樣？」我不敢置信，「你想變成幸福大家庭的大家長？」

「什麼叫做只有這樣，達到這樣的境界很不容易耶。」

「你這樣就會覺得快樂了嗎？」

他點著頭，黑色的短髮久未修剪，像羽毛似地在頭上搖搖晃晃。

「**終極快樂**。」彼得睜著雙眼無比眞摯地對我說。

早晨，我們坐上船，在運河上任意滑行。

此運河體系建成於十七世紀，共有一百六十條渠道，總計有七十五公里長。主要幹道的遊船活動，可以在中央車站的對面搭乘，一趟大約一個小時，十到十五歐元費用（約臺幣三百五十到五百五十元）。

樹葉遮住一些陽光，讓河面的影子跳動式地閃閃發亮。河岸的房子因爲時間久遠的關係，好像被太陽晒昏了頭似地有些中暑地歪歪斜斜，並不是每一間都完全直立。城市風景像罌粟花的香水濃度，把人薰得傻傻的。時間也在這裡逐漸變得不完全眞實，這是阿姆斯特丹，還是哪裡其他的什麼地方，變得不太重要，相同的，我現在該做什麼，不該做什麼，這樣對於人生沉重的信念與承諾也可以緩和下來。

船上傳來事先錄好的景點介紹，同船的遊客興致高昂地拿著相機拍照。

彼得跟我都沒有在聽，我們只是被風吹著頭髮，不需要言語。

「出來旅行這麼久，你會不會無聊呢？」我轉頭問彼得。

「跟各位介紹，這位是來自金山萬里的金無聊……」前言不搭後語，彼得伸了個懶腰，悠悠地冒出這句話，光線透過玻璃，折射在他的側臉。

我笑了。

那天夜晚，我們去了紅燈區。

霓虹燈閃爍的區塊，有很多成人表演熱映中，無數年輕的女性身體在櫥窗裡面搖動，環肥燕瘦。

我跟彼得並肩而行時，那些女人都不看我們一眼，把我們當作不可能出錢消費的觀光客。

接著我提議，讓彼得一個人走在前面試試，我在後面觀察。

「快點快點，你儘量往前走，記得要像個色狼一樣走路。」我說。

「色狼有特定的走路方法嗎？」彼得扭扭捏捏地走著，每走幾步就回頭看我一下。

果不其然，彼得一變成單身男子，紅燈區的女郎便開始對著他集中雙乳，送出飛吻，扭動身軀。

我懷著身孕在後面看著自己的丈夫，像隻鵝黃色的小雞獨自漫步在屠宰場之中，覺得非常過癮。

奇妙的是，從紅燈區的街區一出來，連接著一個賣鬱金香與球根的盛大花鋪，後面便是廣東與四川頂尖對決的喧譁唐人街，成雙成對的雞鴨掛在門前，鍋鏟發出清脆碰撞的聲音。

「我要吃這個……油雞飯……」站在店門口，我高興地表示。

「等一下，這裡的燒臘要多少錢？」彼得問。

我們瞇著眼睛，價格就在菜單的右側，可是我們看不清楚。

大麻的味道飄散在空氣中，那個時候我們還不知道，自己多多少少也稍微吸進了一些二手大麻。那個味道，帶給我們一種莫名的興奮、快樂，和迷糊。

「哎呀，到底是多少錢……為什麼我怎麼樣都對不到油雞飯的價格……」我的手指歪來歪去，怎麼樣都找不到想找的資訊。

「我來試試看……咦？真是奇怪了……這個字怎麼這麼小……」彼得也有點搖搖晃晃，他嘴角一直保持著不自然的笑。

「沒關係啦……」我揮揮手，不願再確認價錢了，「我們盡量吃好了……哈哈哈哈，我有信用卡……」

哈哈哈，哈哈哈，那晚我們什麼事都很容易笑。

酒足飯飽後，走出餐廳，方向感頓時喪失，我們兩人竟一點都認不出街道的模樣，多走了兩個多小時的路，才終於回到酒店。

一路上，我們高談闊論，彼得說起了自己的童年。

「我跟妹妹有一系列的照片，是在家裡拍的。那時候爸媽白天都要工作，只有阿媽在家照顧我們……

「我就是從那個時候開始很喜歡拍照，我們兩個會趁阿媽午睡的時候，換好幾套衣服，擺出大人的 pose，我先叫妹妹幫我拍，然後我再幫她拍。

「有一組照片是運動健將系列，我穿全套白色的運動服，頭上還帶著運動髮帶，模仿華裔網球名將張德培。

「家裡沒有網球，我們只能勉強用羽球替代。我用膠水把球黏在拍子上，接著擺出各種驚險救球的畫面。因為球被黏死在拍子上了，當然是每一球都順利救援。我們在家裡跑來跑去，幻想自己參加法國網球公開賽，最後還有舉行頒獎典禮……」

我想像著孩子模樣的彼得先生，帶著燦爛笑容側身撲倒救球的動作，照片看起來英勇神氣，很有那麼一回事的感覺。

哈哈哈哈哈。我一直笑一直笑。多虧了大麻的空氣，對於迷路這件事，我沒有發脾氣也完全不埋怨。冬天的阿姆斯特丹，我們享受著一個接一個的錯誤，倒是回飯店後頭痛欲裂，喝了很多牛奶才好一些。

就這樣，濃濃的情色，潺潺的運河，叮叮噹噹的腳踏車，阿姆斯特丹就像一首交響樂管弦融合在一起的城市，處處的細節都美，把旅人的雄心壯志削成薄薄的。

在阿姆斯特丹後來的幾天，除了買下七十二小時地鐵暢遊票以外，我們沒有特別做什麼。看別的部落客文章介紹了很多博物館，大部分我們只是經過。

有一天，彼得突然指著一座跨過運河的小橋，大聲說道：「呀，就是這裡，我有在電影裡看過這個場景……」

我把頭靠在彼得的肩上，以爲他要提起前陣子上映的浪漫愛情電影，那部我們一起看的《生命中的美好缺憾》。影片中，罹患末期癌症的男女主角，男孩用掉自己的願望，來完成女孩的夢想，他們一起到了阿姆斯特丹，尋找共同欣賞的作家。

「嗯？妳記得嗎？」彼得問我，「那個電影橋段，好像就是在這裡拍的……」

我點點頭，想起他們兩人就是坐在那個長椅，男孩告訴女孩，他要死了，女孩流下眼淚來。那部電影中，我最喜歡的經典臺詞是男孩誠心誠意地說：「能爲了妳而心碎是我的榮幸。」

「啊哈，絕對沒錯，就是阿姆斯特丹的這個橋，」彼得先生指著前方：「我跟妳講，**當初陳浩南就是從這裡跳下河的……**」

「你在說什麼？」突然間，我從純潔的，兩小無猜的愛情中清醒過來。

「就是那部電影啊，古惑仔系列，黑吃黑，陳浩南的老大被殺掉，他一直跑，跑到這座橋，沒辦法只好往下跳……」

這跟我原來的期待一點都不一樣，我的臉色一沉。

「哎，搞什麼你這個人到了歐洲，講來講去的還是國片……」有那麼一秒鐘，我幻想著彼得終於跟我心意相通，我們在冬日的街道上，牽著手回到當年戀愛的感覺，結果變成古惑仔被追殺無奈跳河，眞叫人失望。

「喔，我跟妳說，陳浩南跳下去的姿勢超難看的，要是我跳一定比他好看……」彼得站在橋上，像個跳水選手，他踮起腳尖，將頭往後一仰，伸開雙手說：「妳回去一定要看，那一集的名字叫做《隻手遮天》……」

天空下著毛毛細雨。

旅程來到尾端，我開始有點孕吐的徵兆，身體變得懶散起來。幸好彼得對於行程的要求不多，他只是吵著離開前要去古惑仔談判的海城大酒樓，照相留念。

我們沉溺於優雅的飯店設施，趁著淡季，在私密得像是爲皇家專人而設的泳池中用腳慢慢打水，早餐時食用清甜的菠菜與班尼狄克蛋，一口一口仔細地喝著伯爵茶。沒事做的時候，就散步、坐船，在公園裡坐一下午看著別人聊天，他們說的很多都是生活起居的事情，直到入夜，我們走回飯店，花比以前大約多兩倍的時間洗好澡，然後看一本小說漸漸入眠。

我離開了如慢性病的自虐習慣，我不再老是自我要求，硬是擠出時間奔跑追逐一些自己也說不清楚的什麼，我把賺來的錢拿出來不心疼地花掉，三十年過去，我終於試著不要依靠意志力這根細長的竿子，撐過所有的事情。

我回到了嬰兒時期，只知道吃、睡，跟用自己喜歡的方法玩。

我學會了好好照顧自己。

因爲這樣，一天的清晨，我才能夠張開眼睛，不夾帶一絲怨懟，不意氣用事地覺得世界虧待了我。

從深深的長年疲憊中，阿姆斯特丹用緩緩的力道，搖醒了我。

18

有沒有問題

What's Your Problem

電視節目正在播老婆抱怨老公的橋段，其中有一個明星的老婆說，她生產的時候，非常辛苦，老公卻拒絕進來產房陪伴。

「欸，等妳生產的時候，我要進來陪妳嗎？」彼得先生問。

「看你自己啊，我可不想勉強你。」

「那整個過程，我可以錄影嗎？」

「我覺得生產的時候，我一定很醜。」我忍不住猶豫了起來。

「可是對寶寶來說，這應該是個珍貴的紀錄……你說呢？」

「真難選擇……」彼得先生一時之間也無法決定。

一陣子過後，廣告時間，彼得先生拍拍我，「啊，我想到一個好辦法了。」

「什麼東西的好辦法？」

「就是我們剛剛討論的，生產要不要錄影這件事。」

「你說來聽聽看。」

「錄影的時候，妳可以戴面具啊。」彼得先生說：「這樣就沒有人看到妳醜不醜了。」

我不可置信地看著他，覺得自己很聰明的彼得先生繼續補充說明：「我剛剛還想到，妳可以戴熊的面具，這樣我以後就可以跟寶寶說，他是熊的後代咧……哇！妳覺得怎麼樣？熊的後代實在太厲害了……太特別了……」

一時之間，我不知道該怎麼回答，彼得先生這時得意洋洋地打開手機，開始熱心地查詢關於動物面具的圖片。「嗯嗯，我真的好會想這種兩全其美的辦法。」

他喃喃自語。

望著 Google 搜尋引擎上出現林林總總的動物面具，說實在的，男人不進產房，也算不上是一件太壞的事情。

終於，我們搖搖晃晃地，從歐洲回來，展開人生的下一個階段：接待肚子裡的新客人。

彼得跟我，依循很多夫妻的建議，開始定期產檢、尋找月子中心、買東買西的生活。

我想起回國後的第一次檢查，那時候才剛滿十週，我一個人去，進行的還是冰冰涼涼的侵入式陰道超音波。

咻咻咻咻咻。

咻咻咻咻咻。

「妳聽這是什麼？」醫師打開喇叭，露出微笑地看著我。

我沒有達到他的期望，皺著八字眉，一臉不祥的表情。

「這是什麼聲音？」我恐懼地問。

醫師笑容更濃了一點。

「這是寶寶的心跳喔。」

他安靜了下來，讓我多聽一陣子。

我躺在診間，好像火車開在山洞裡，也像衆多猴子翹著屁股，讓山大王抽著皮鞭輪流打的聲音。

咻咻咻咻咻。

咻咻咻咻咻。

醫師沒有說話，護士也沒有說話，好像在等著什麼，一陣子的大眼瞪小眼後，我才意會過來，他們正殷切地等著身爲母親的我，這時應該要流出一點眼淚，故事才能進行下去。

「那個……醫師我有一個問題。」我抱著巨大的懷疑開口了。

「嗯，妳問。」他溫柔地看著我。

「我在想，你怎麼知道這是寶寶的心跳，而不是我自己的呢？」

一剎那間，醫師收起原先的溫暖笑容。

他動了動還在我身體裡面的超音波儀器，表情責怪地表示：「因爲……檢查儀器放在下面這裡哪……」

「喔……也對。」我頓時感到下體一些震動，覺得很不好意思，心跳不已。

咻咻咻咻咻。

咻咻咻咻咻。

過一會兒，醫師覺得秀才遇到兵，自討沒趣，他把聲音關掉，頓時一片寂靜，我抓著臉，眼睛瞪著天花板，不知道該說什麼好。

「還有其他問題嗎？」

「沒有。」

醫師把儀器撤出來，慢慢站了起來，他露出勉強的笑，脫掉橡膠製的手套：「那麼就先這樣吧，寶寶很健康。」（但是媽媽很智障。）

「知道了，寶寶很健康，非常謝謝。」

我把雙腳閤起來，左手抓起旁邊的褲子。空氣凝結在我的愚蠢問題，好像濃濃的屁味，需要一段時間才能消散。

護士也離開了。

我一個人望著螢幕上的黑白畫面，這是第一次，身爲媽媽的我，聽到寶寶心跳的聲音。

下一次的門診時間是週末，彼得先生加入了產檢的行列。

寶寶已經十三週了。

螢幕上我們看見一顆小小圓圓的受精卵，逐漸發芽成爲一個有手有腳，有頭有臉的小人物。

超音波的檢查裡，我看見噗通噗通的展示心跳的寶寶身形。

「那是心跳喔。」趁著彼得還沒有重蹈覆轍問出差勁的問題前，我趕緊向他說明。

今天是第一孕期的「頸部透明帶檢查」，據說這是初期的唐氏症檢驗，事關重大。

另一個不同的醫師，拿著超音波的儀器，在我的肚皮表面滑來滑去。

「哎呀，寶寶正盤著腿呢。」女醫師笑著表示。

我轉過頭，看見坐在檢查室裡面的彼得先生，把相機拿起來拍照。

他的表情很妙，把手轉來轉去取角度，像正在做視力測驗，不太相信自己的眼睛。

「寶寶麻煩一下喔，乖乖站起來給醫師量一下身體。」女醫師說著話，接著嘟起嘴唇，彈著舌頭，發出「咚咚咚咚」的聲音。

幾秒鐘之後，我們的寶寶便乖乖地併攏雙腿，站起來了。

這令我不禁想起中國領導毛澤東主席，用著濃濃的口音，在天安門廣場大喊著「中華人民共和國，今天站起來了」的情景，因爲那湖南式的鄉音，聽起來就像「中華人民共和鍋，今天站起來尿」的感覺。

我在心裡笑著，不敢把荒謬的想法說出口。

超音波裡的小人兒，站得直挺挺的。

「眞是好寶寶。」女醫師很滿意地稱讚了一會兒，「眞是好寶寶呀。」

我們夫妻兩人張著嘴，覺得有點不可思議。

「好囉，現在要量你的後頸部，下一個動作，寶寶麻煩好好躺下來喔。」一陣子過後，女醫師又好像施展魔法一般，溫柔地說著咒語，接著照例嘟起嘴唇，彈著舌頭，發出「咚咚咚咚」的聲音。

「好奇怪，我們的小孩又不是小鳥，」彼得先生小小聲地在我旁邊說：「爲什麼彈舌頭會有效啊？」

「我哪裡會知道……」

然而就在「咚咚咚咚」的聲音中，寶寶聽從指示，慢慢地從站立姿勢，鬆懈地躺了下來。

「哎呀，眞是好寶寶。」女醫師看了看我們，很得意地露出了八顆牙齒的笑容：「我就說啊，跟寶寶好好溝通是可以的，嗯嗯，眞是好寶寶。」

這時彼得先生的表情，不能再更加疑惑了。

咚咚咚咚，咚咚咚咚。

彈著舌頭的女醫師，像唱著歌似地操縱著我肚裡的孩兒，順利地完成了一項又一項的檢查。

「這一定是預錄的。」高層次超音波檢查準備告一段落，當醫師正在一旁整理數據時，彼得突然好像想通了什麼似地，叫了出來。

「**對不對醫師？這是事前就錄好的錄影帶**。」

坐在可以旋轉的高腳椅上的女醫師，這時雙手離開鍵盤，瞇著眼睛看著彼得。

「咚咚咚咚，咚咚咚咚。」彼得學著女醫師彈著舌頭，「咚咚咚咚，咚咚咚咚。醫師妳看，換成我彈舌頭就沒有效。」

我彷彿看到電視裡的氣象主播，用手指著暴風圈，凝重地畫著圈圈說，即將來襲的第一波熱帶低氣壓，相當強烈，名字叫**尷尬**，請民眾盡量待在家中，不要隨意出門……

「這是寶寶的頸部透明帶……」女醫師沒有回答彼得先生的問題，她眼睛看向螢幕，喃喃自語：「目前一．七公分，很正常……」

「哎喲，這應該是錄好的啦，我覺得是假的……」彼得先生仍舊在我耳邊碎念著，我感覺一陣潮熱，從耳後漸漸擴散開來。

空調發出隆隆的低沉聲響，女醫師飛快地打著報告，沒有再多說什麼。

黑鴉鴉的診間，我們兩人加上肚裡的孩子，這時就像躲在磚房中的三隻小豬一般，望著一牆之隔，眼中冒著火光的大野狼，三個人靠在一起憋著氣，誰的大氣也不敢多喘一下。

我很想指著彼得先生說：「都是你，說那什麼鬼話，眞是壞寶寶！」

彼得先生像洩了氣的皮球一般，坐在旁邊擰著外套，時不時咬一下指甲。

嗯，這次的產檢，大約就是這樣。

懷孕來到第五個月，這個週末，彼得先生和我一起去參觀產後護理之家。

我們早已忘記之前產檢的挫折，哇啦哇啦地一面興奮地聊天，一面步入未知的環境，哇！有好多好多的房間，好多好多的寶寶。

「歡迎來到我們的月子中心，」負責介紹的服務人員眨著閃亮亮的眼睛，爲人很是親切，「有任何問題請儘管提出，我們都會爲你們解答。」

彼得跟我東張西望，像是劉姥姥進了大觀園。

「這是你們的第一個寶寶嗎？」爲我們服務的大眼睛小姐問。

「嗯。」我點點頭。

彼得還在旁邊戰戰兢兢地伸出一根食指，深怕大眼睛小姐不明白是第一胎的樣子。

「那我們先從房型介紹開始吧，請跟我來。」

當我們探頭探腦走進裝潢得就像五星級飯店的房間裡時，大眼睛的小姐正說著很多我們聽都沒聽過的名詞。

「這是第八代雙邊電動吸乳器。」

「這是藍紫光高能量UVC紫外光殺菌消毒燈。」

「這是每天都可以無限使用的發奶黑豆茶。」

「這是嬰兒濕疹修護膏。」

「這是能夠祛風除濕、生津解渴的觀音串。」

「這是負離子奶瓶烘乾消毒鍋。」

「這是全自動烤燈、藥浴包與大鍋爐水。」

「這是智慧型高低調節搖擺電動餐搖床椅……」

除了東摸摸西摸摸以外，面對這一連串的術語，彼得先生和我簡直是丈二金剛摸不著腦袋，情景就像小學生突然被告知隔天要參加大學聯考一樣，有點想哭的感受。

這時為我們介紹的大眼睛小姐，打開了電視。

「這是嬰兒監視器，不用走出房門，爸爸媽媽在房間就可以看到自己的小貝比。」

「喔。」彼得先生站近了一點，好像終於進入狀況，「這個好。」

「我們的月子中心，每個嬰兒的上方，都配置有一個監視器，可以提供你們二十四小時監看寶寶的畫面。」

「這樣很好。」彼得先生又說了一次。

大眼睛小姐微微笑了，露出了小顆虎牙，「接下來再跟你們介紹一下我們的電動床。」

「請問可以坐看看嗎？」彼得先生問。

「當然可以。」

接著我們便舒適地坐了下來，原本緊繃的神經，稍稍獲得舒緩。

「那麼如果沒有其他問題的話，我們可以向外走，到我們的公共區域……」幾分鐘過後，大眼睛小姐帶頭走向房間門口。

「等一下……」這時彼得先生把玩著手上的遙控器，「不好意思，我有一個問題……」

「是的，先生有什麼問題請說。」聽到我們在沉默許久後終於開口詢問，大眼睛小姐開心又禮貌地看向彼得先生。

「我想問一下啊，這個嬰兒監視器……」彼得望著電視，按著遙控器按鈕，「**如果我想看其他的寶寶，要轉哪一臺才好？**」

大眼睛小姐愣在一旁。

過了幾秒以後，她終於想出合適的字眼。

「嗯……抱歉……目前沒有聽說其他的家長有這個需求耶……」大眼睛小姐一臉為難地表示。

彼得先生這時被我瞪了一眼，他趕緊放下遙控器，從床上彈起來站好。

「喔，沒關係，要是我想要看其他嬰兒的時候，就走出去外面看好了。」他指指門外，小小聲地表示。

「最後，這裡是寶寶的護理站。」

我們來到月子中心的公共區域，一個大大的觀景窗，玻璃裡面有十多個小寶寶，在裡面排排躺好，粉紅的皮膚，戴著小小的帽子。

「好可愛……」我的眼睛冒著愛心，種種專業護理介紹都聽不進去了。

嘩啦嘩啦嘩啦，哇啦哇啦哇啦。

大眼睛小姐的說明，就像廣播在隧道裡的雜訊一般，任意地流來流去。

「最後，不知道你們有沒有什麼想問的問題？」

我的眼睛根本離不開玻璃內的娃娃，恍惚地搖搖頭。

「那麼，爸爸呢？爸爸有沒有問題？」大眼睛小姐轉向彼得先生。

彼得感覺自己突然被聚光燈籠罩，他抖了一下，好像沒有其他退路，非回答不可似地硬是開了口。

「嗯嗯，那我問一下喔，」彼得先生指著裡面的嬰兒，「**請問妳知道這些寶寶，長大以後，還會彼此聯絡嗎？**」

剎那間，像是被人用球棒擊中頭部似地，我從滿滿的母愛中清醒了過來。

請問這些寶寶長大以後，還會彼此聯絡嗎？

「咦……」為我們熱心介紹的，並且答應一定知無不言、言無不盡的大眼睛小姐，簡直不敢相信自己聽到的句子。

「這個我真的不知道耶……」她臉上的表情很複雜。

我看著彼得先生，彼得先生也看著我。我頭也不回地快步走向門口。

「我覺得這家不錯，要下訂嗎？」

離開產後護理之家後，彼得問我。

我埋怨地捏著彼得的手臂：「你剛才好丟臉你知不知道，問這麼多蠢問題，這家月子中心再好，我也不敢來了。」

「欸，那個小姐突然問我爸爸有什麼問題，」彼得先生無辜地看著我，「一時之間我剛好想到這個問題啊。」

我因為羞愧而感到全身無力，「我跟你說，在月子中心裡面，爸爸只會問跟自己妻子有關的，或是跟自己寶寶有關的問題，哪有人像你一直問別人的寶寶的問題……」

「我哪裡會知道，又沒有人先提醒我。」彼得雙手一攤為自己辯護：「我又不是常常生小孩……」

「你剛剛一直問別人家的寶寶的事情，怎麼用電視看，他們未來會不會聯絡，根本就是販嬰集團在做田野調查……」

「那妳說現在怎麼辦嘛？」彼得先生聳聳肩，我們站在人來人往的大樓前面，他睜著圓圓的眼睛看著我，亮晃晃的週末假期陽光，連肚子裡的寶寶都不禁嘆息。

「那麼，爸爸呢？爸爸有沒有問題？」

那一刻我早就應該知道，這位初爲人父的彼得先生，怎麼說都是很有問題。

19

兔妖事件

The Ghost of a Rabbit

跟彼得先生在車上聊天，談起嫦娥、玉兔跟吳剛的關係。

彼得：「我跟妳講，嫦娥的真愛是吳剛。」

我：「什麼？你不要亂講，才不是這樣。」

彼得：「真的啦，吳剛還有送嫦娥一隻玉兔，就像當年談戀愛的時候，我也有送妳一隻，妳記得嗎？」

我用力揮手：「不對不對，嫦娥是自己跟老公后羿吵架，吃了靈藥，飄到月亮去的，她後來很後悔，沒有跟吳剛在一起啦，吳剛只是一直砍樹的一個人。」

彼得：「吼喲，明明吳剛跟嫦娥有交往，他們很幸福，在月亮上成家。」

彼得先生指了指擋風玻璃外的天空，做出戀愛的表情。

我：「我跟你打賭他們不認識，你拿一千元出來跟我賭。」

彼得很快地就答應了，「妳快用手機查 Google。」

「等一下回家我用電腦查。」我說。

彼得一副胸有成竹，「妳自己想想，那隻玉兔無緣無故突然冒出來不是很奇怪嗎？嫦娥跟吳剛，一起養了玉兔，他們是一家人啦……」

「玉兔不是無緣無故，牠是非親非故。」我說。

答案揭曉。

根據第三方公正單位 Google 指出，吳剛是自己找了一個老神仙嚮導，被他丟包在月球，他只好一直砍樹。玉兔出身神祕，但長年跪地搗藥，做蛤蟆丸。嫦娥則住在廣寒宮裡，是第三個來到月球的，因莫名原因似乎變成了蟾蜍，不太敢出門。

彼得先生不停地喃喃自語：「怎麼可能？難道他們三個是在月球上面才認識的嗎？怎麼可能？那玉兔是誰帶牠去的……」

我得意極了，「嫦娥變成蟾蜍以後，吳剛還能夠一見鍾情的話，可能就真的是真愛喔……天啊，好美的第二春。」

彼得先生不信邪，他埋頭搜尋著「嫦娥、吳剛、愛情」這幾個關鍵字，想找出曾經愛過的痕跡。

每個家庭都有一些不爲人知的事件可以說，不如先從一個非常匪夷所思的、關於彼得先生的寵物開始。

十幾年前，我和彼得先生分隔兩地，那時我正在臺北念大學，他在臺南。在大學一年級的時候，他送了我一隻黑色的兔子，牠的名字叫兔寶，眼睛大而有神，體型迷你而結實，非常可愛活潑。我把兔寶養在房間裡面，當我正在讀書寫作業時，牠就在我的桌子底下，跟著我搖擺的雙腳，彈跳著玩耍。

畢業前的最後一個學年，我決定去土耳其的安卡拉大學當交換學生。情非得已，我只好將兔寶託給彼得先生養。

事後我聽說，彼得先生的父母，似乎有點反對，經常詢問彼得何時能將兔子送回去。

「我也搞不清楚他們到底在反對什麼，」彼得先生聳聳肩膀抱怨道：「兔寶這麼可愛，人人見了人人愛……」

很多年以後，我們結婚了。

有一天茶餘飯後，跟彼得的家人聚在一起時，無意間我開啓了飼養兔子的話題，「等寶寶出生了以後，我也想給他養一隻小兔子……」

「喔喔，養兔子不太好……」總是什麼都說好的彼得爸爸，反常地皺了下眉頭。

「的確不太好，對，兔子這種動物不太好。」這時彼得的媽媽跟爸爸交換了一個眼神。

接著兩個人便沉默了下來。空調發出機械性嘶嘶的聲音，兔子話題終止在無聲的空氣中。

我百思不得其解，但彼得的父母顯然有口難言的樣子，只好換一個話題聊，大家頓時鬆了一口氣，又熱絡地討論起別的事情來。

晚上睡覺前，我耐不住好奇心，向彼得提問：「你爸媽好像不喜歡兔子的樣子喔？」

「哎呀，妳不要想太多，這不是因爲兔寶的關係，是因爲另一隻兔子啦，我小時候養的那一隻。」

「那一隻兔子怎麼了？」

「我也不是很知道，」彼得很努力地回憶著，但似乎什麼也想不起來似的，「總而言之我小時候養的那隻兔子，好像出過什麼事……」

到底一隻小小的兔子，可以出過什麼事？

那天晚上我再也睡不著，翻來覆去一直想著這件事情。

幾天後，我們邀請彼得的妹妹一起吃晚餐。

關於兔子的疑問，一直在我腦中糾纏，終於找到一個適當的時機，我向彼得的妹妹開口問道：「妳記得小時候，你們一起養的兔子嗎？」

正嚼著青菜的彼得妹妹停下筷子，她神情泛著小小的緊張，露出了跟父母一模一樣的面有難色。

「對……是有一隻兔子，小時候養的，白色的……」

「那隻兔子後來怎麼了？」我不放棄，繼續追問下去，「我聽說好像有些狀況……」

這時彼得先生離開位子去上廁所。

彼得的妹妹見他走遠了，嚴肅地握住我的手。

「我跟妳講，我們不在哥哥面前談那隻兔子的事情。」彼得妹妹低聲向我說明。

「為什麼？」終於有人要說出實情了，我搓著手覺得非常興奮，在吵鬧的餐廳裡，煞有其事地用氣音詢問：「快告訴我，到底發生了什麼事？」

「那個，其實我也不是很確定……」彼得妹妹抓著額頭，她想了一想後說：「聽大人說，好像是哥哥小時候，不小心被那隻兔子附身了……」

「什麼!?」我瞪大了眼睛。「妳說他被兔子附身嗎？」

「對啊……」彼得妹妹這時警戒地左右轉著頭，聲音中帶著恐懼，她越說越小聲：「反正哥哥有一陣子變得跟兔子一樣，還會跟兔子講話喔。」

彼得先生變得跟兔子一樣，還會跟兔子講話喔。

「那要怎麼確定他是被兔子附身呢？」我依然不敢相信。

「不只是單純兔子而已耶，神明說啊，是兔妖……」嘈雜的餐廳裡，彼得妹妹一個字一個字認眞地說明。

神明說，是兔妖？

不知道是妹妹那個認眞的態度打動了我，還是我也被什麼莫名其妙的靈魂附體了。我腦袋裡浮現彼得一家人愼重地在廟裡擲筊的畫面。

「請問神明，是貓妖嗎？」

笑筊。

不是。

「請問神明，是狗妖嗎？」

笑筊。

不是。

「請問神明，是兔妖嗎？」

一正一反，聖筊。

是了是了，彼得的父母親惶恐地跪了下來。

喔，神明說了，是兔妖啊……

我直直地看著彼得妹妹，「兔妖」這兩個字在我的腦中搖來搖去，像幽魂的影子似地放大又縮小，簡直太迷人了。

彼得先生這時從廁所出來，蹦蹦跳跳地回到座位，他笑嘻嘻地又扒了好幾口飯，露出白亮亮的牙齒。「咦？妳們幹嘛一直看著我……」

望著曾經被兔妖附身的他，移動著龐大的身體，嘴裡嚼著食物。我頓時很想哈哈地大笑，又不能無緣無故地亂笑，整頓飯因而非常難受，不太記得後面還聊了什麼話題。

記得有個很久以前的笑話是這樣的：

大灰熊跟小白兔是很好的朋友，有一天，他們兩在森林裡約好一起去上廁所。

熊問小白兔：「小白兔小白兔，你會介意上廁所的時候，毛沾到便便嗎？」

小白兔親切的說：「不會啊！」

熊問：「真的不會嗎？可是你那麼白……」

小白兔微笑回答：「真的不會！」

再過不久，熊再問了一次：「小白兔小白兔，你那麼白，真的不怕髒嗎？」

小白兔有點尷尬的抽著嘴角：「不會啊！」

「小白兔小白兔，你真的真的不怕髒嗎？」

小白兔企圖讓大灰熊放心的大便，於是他用很肯定的口氣回答：「不會啦！我一點都不怕髒。」

「真的不會？」大灰熊又問。

「嗯！」小白兔更肯定的回答。

然後下一秒，大灰熊就把小白兔一把抓過來，開始擦屁股……

這個笑話讓我很快樂又很感慨，小白兔雖然很無辜，但是大灰熊的確一而再再而三地確認過了，因此兩個朋友，誰都沒有錯。

在婚姻裡，表面上彼得是那隻小白兔，我就是那隻大灰熊，許多人都覺得我吃定他，一天到晚找機會欺負他。事實上，他根本是搖晃著一身柔軟潔淨毛茸茸的兔妖，很多時候其實都是他先開始不停地挑釁，才害我把他抓起來擦屁股的。

講講另一隻兔子。

我很想念死去的兔寶。牠是彼得先生在臺南買的，黑色的母侏儒兔。

侏儒兔是什麼呢？根據維基百科的記載，據說是波蘭兔和德國小野兔配種而成的小兔子。不過到底一家南臺灣的寵物店要怎麼混種出這樣的兔子來，我也搞不懂。

那天是大學的新生系際盃合唱比賽，彼得先生提了一隻兔子來，我問他爲什麼選了黑色的兔子，彼得說：「老闆說黑色的可以算便宜一點，我覺得牠被歧視了，所以就買牠。」

剛開始，兔寶的體型很小很小，可以裝在我的馬克杯裡。讀書的時候，我讓牠在桌面上跑，我只顧著跟牠玩，書都念不下。後來兔寶長大一點了，牠就換到桌底下去玩，我喜歡把腳伸出來跘兔寶，牠會瞬間彈跳起來，優美地越過我的腳掌。

兔寶很像我，膽子大，好奇心強，不喜歡被人抱。

我喜歡牠只願意靠近我，對其他人都很冷漠，牠有一雙圓滾滾的大眼睛，卻總是倔著一張臉，坐在角落一副所有人都欠牠錢的樣子。

受委屈的時候，兔寶會在夜裡陪著我。

黑漆漆的房間裡什麼都看不到，牠像一只面紙盒一樣躺在我的音響上，我們一起聽深夜廣播著悲傷的歌，望著牠微弱發著光的眼珠，直直地看著窗。

有一陣子，兔寶自己也養了寵物，是一隻小小的蟑螂。

我本來沒有注意到，但是好幾次當我餵兔寶食物，那隻蟑螂便出現在飼料盒的旁邊等待，兔寶會分享食物給牠，就像大哥旁邊跟著一位小弟那樣。

原先我想，不一定每次來的都是同一隻吧。好奇心驅使之下，我拿了立可白的刷子在蟑螂背後塗了一滴白點，才得以確認，沒錯，每天出現的是同一隻蟑螂。

妹妹爲了這個，好一陣子都不敢進我的房間，我們差一點爲此絕交。

兔寶死掉的那一天，我不在場。

彼得先生打電話來，說兔寶好像怪怪的，躲在角落一動也不動，要帶去給獸醫檢查。

那天我在圖書館裡，準備研究所的論文，當我終於打算離開，打電話去問診所地址時，彼得先生已經哭了。

「兔寶內出血，要死掉了……」

「什麼？不能想辦法開刀嗎？」

「牠太老了，」彼得的聲音全是鼻音，「醫生說牠太老了……」

就這樣，兔寶結束七年的一生，送到一個叫做動物樂園的地方火化。

牠死的那一個星期，我的阿媽也過世了。

我的身體好像破了一個洞，風吹過來的時候，都覺得有某個地方薄薄的很容易吹破。

從前阿媽總是開玩笑，指著兔寶說，養妳這麼大，就是等著冬天要吃三杯兔。

她們死的時候，我都不在旁邊，我多麼希望我在她們床邊，或許離別對我太艱難，她們怕我傷心過度。

她們一起離開，原因都是太老了。

這一陣子我在想，到底家庭是什麼呢？

一群人，建立起沒有利益往來的共同組織，在人生的路途中一起生活，然後用自己的方式，盡量照顧彼此，大概是這樣的意思。

而我還在學著怎麼建立家庭。

一天一天過去，懷孕到了後期，我頂著像冬瓜的大肚子，脾氣越來越壞，彼得的日子越來越不好過，就像那個大灰熊跟小白兔的笑話後續：

幾天後，大灰熊又在森林裡大便，看到旁邊有一隻松鼠經過。

熊問松鼠：「松鼠松鼠，你會介意上廁所的時候，毛沾到便便嗎？」

松鼠回答：「可惡！我就是前天被你拿來擦屁股的小白兔。」

「我要跟妳保持一個手臂的距離。」那時彼得常常說出這句話，因爲他只要一惹我生氣，我就會伸手打他。

某天看見新聞正在播，國中的教科書寫道：「眞正的愛情是，當好感和吸引力都喪失時，自己還願意和對方在一起。」

我覺得好汗顏，因爲在婚姻裡，當好感和吸引力都喪失時，我就出手打人。

我還在練習，要怎麼做一個好妻子。

第一步，是改掉我的壞習慣。

一直以來，我很喜歡發表意見，但是最近我看到什麼時，我會讓意見在腦子裡等一下，像等龍貓公車那樣地停著，儘管大雨一直下，姊姊還是背著她的妹妹小米在公車站等著。

有一段時間，彼得先生爲了找工作的事情非常煩惱。

關於職涯發展這件事，我有千言萬語想評論，可是我停下來想了一想。

「你知道嗎？就算在這件事情上失敗了，也不是世界末日。」我對彼得說：「對我來說，只有你死掉了，或是我死掉了，才真的算是很悽慘的事情，其他的都沒關係。這個世界上，我們好好活著，都還是很不錯的世界喔。」

彼得看著我，露出一個妳終於開竅了的欣慰表情。

到底家庭是什麼呢？

家庭就是一群人，組成一隊，就算誰看不起誰，誰討厭誰，依然穿著同色球衣，時間一到便上場就定位。

最近夜裡經常睡不安穩，很容易做夢。

昨夜的夢裡，有阿媽，也有兔寶。

她們住在一個小型的木頭房子裡，我遠遠地看，風吹著窗戶，窗簾搖動，隱隱約約看見她們兩個，不知道在忙著什麼。阿媽一頭銀白色的短髮，穿著花布上衣，兔寶還是那個樣子，躲在角落用慵懶的姿勢斜躺著，眼神裡還是滿滿的骨氣。如果重來一次，我一定每天都餵牠吃最喜歡的高麗菜。

我沒有辦法靠近她們，越是往前走，房子就離得更遠一些。

我看見我想看見的，在夢裡。

那是我所思念的家人，等我很老的時候，或許我們就能聚一聚。

不過在那個之前，我嫁給了一個曾經被兔妖附身的男子，他和我正在組一個家庭，每天呼嚕呼嚕地在我旁邊睡覺。我們還有好多事情不會，還有好多好多的窟窿，等著我們重重摔進去，再髒兮兮地爬出來。

20

哈囉寶寶

Hello Baby

寶寶出生的第一件事，是醫師讓彼得先生剪臍帶。

之前我們聽過另一個初為人父的同學說：「我跟你講，剪臍帶超難的，臍帶比你想像的還有彈性，我那個時候剪了好幾下都剪不斷，非常糗……」

於是我跟彼得先生約定，「到時你剪臍帶的時候，一定要用力剪下去。」

彼得先生認真的點點頭。

時間到了，醫師將臍帶的兩端固定好，把剪刀交給彼得。

我看著彼得先生，他慎重地抓緊剪刀，抬起手，用盡吃奶的力氣，狠狠地剪了下去。

一柱血直直地噴出來。

咻！

我頭一閃，血水噴到我後方的枕頭上。

醫師沒有反應過來，被血噴到臉上。

他一臉驚訝。

沒有人想到這個爸爸不過是剪個臍帶，怎麼會用力成這樣。

「嗯好……爸爸剪臍帶，以後寶寶要孝順爸爸喔……」

驚嚇過後，醫師喃喃自語，護士則是不可置信地皺著眉心，匆匆把剪刀從彼得手中卸下。

像是殺人魔的彼得先生，不知道發生什麼事，滿臉得意地笑了。

寶寶來的前兩天，我在臺上做簡報。

跟往常沒有什麼不同，我一一介紹案例，與臺下觀眾互動，過程歡樂而順利，晚上，還跟同事一起吃飯聊天，一口氣喝了兩杯巧克力奶昔。

然後那天夜裡我落紅了。

一點點的血絲飄落在馬桶裡，告訴我孩子要來了。離預產期還有兩個星期，天真的我以爲自己還有很多時間。我手忙腳亂地在網路上訂購待產用品，打電話向老闆請假，跟同事交代工作事宜。

寶寶來的前一天，風平浪靜。

剛好遇到回診日，彼得跟我去醫院，進行每週一次的例行性檢查。

我向醫生說明出血狀況，做了胎心音檢測，他說寶寶快出生了，但仍舊沒有確切的時間表，有可能是二十四小時之內，也有可能是一星期之後。

「那麼，我可以同去上班嗎？」我發問。

「可以，」醫生點點頭，「一旦破水就趕快來。」

寶寶來的那天夜裡，陣痛開始。

陣痛是什麼感覺呢？就像肚子裡沉睡著的野獸，做了噩夢，突然甦醒過來，牠大張旗鼓地吼叫跳動，是那樣具體的，不容置疑的，痛。

我下載了一個待產的應用程式，記錄陣痛的間隔時間。

「我跟妳講，大部分的人，都只在乎隔幾分鐘就會痛一次，所以痛的時候很痛，不痛的時候就嚇得要死，想著下一次什麼時候痛，這是不對的。」媽媽這樣告訴我：「我跟妳講，無論多痛，妳要這樣想，沒關係，每次都只痛一分鐘，有什麼好受不了的，一分鐘多短啊。」

寶寶來的凌晨，我徹夜未眠，一直記錄陣痛的頻率，直到清晨三點半。

「現在每五分鐘痛一次，」我把彼得搖醒，告訴他：「我們可以出發去醫院了。」

帶著大包包跟一個皮箱，彼得帶著我，開車上路。很痛的時候，我就抓緊安全帶，把黑黑的帶子上上下下拉來拉去。

到了醫院，櫃檯人員說目前沒有病床，我放眼望去，連走廊都躺滿了待產的孕婦，好像一堆扭來扭去的史奴比娃娃，咿咿啊啊叫著，統統擠在玩具反斗城裡。

「現在只開了半指，妳又是第一胎，」醫生內診過後對我說：「還是回家慢慢等吧。」

「拜託，求求你，讓我在這裡等……」疼痛一陣一陣劇烈地襲來，我向醫生乞求，「我不想要回家。」

彼得搔著頭，屁股靠在置物櫃的鋼板上。

他不知道如何是好。

終究，在醫生護士好說歹說之下，我們還是回家了。

「現在，現在怎麼辦……」

臺北的天空漸漸亮起來，坐在車裡的我既狼狽又沮喪，已經好一陣子不說話。

「我要吃麥當勞早餐。」我鄭重地對彼得說。他好像突然找到人生的方向似地，立刻轉起方向盤。

早上九點，媽媽跟妹妹來了。

我的疼痛維持在一個點，沒有繼續上升，陣痛的間隔居然拉長了，變成每隔十分鐘，只痛一分鐘。

「叫爸爸不用來了，」我請媽媽打電話給爸爸，「我覺得今天不會生。」我斬釘截鐵地說。

「咦，是不是要多運動，有助於生產？」妹妹問。

「好像是喔。」我點點頭。

於是妹妹把 YouTube 打開，我們一起看動感的港星演唱會，激烈的音樂中，我跟著郭富城一同跳了〈狂野之城〉。

中午，我們正準備叫外賣，彼得先生拿著一張菜單，大家討論著港式料理的選項。

「不如先打電話問醫院有沒有病床？」

我靈機一動，撥了電話去，天降恩典，護士說剛好有一個空床，要來就趁現在，大夥兒便又匆匆忙忙趕去了醫院。

下午三點十五分，陣痛間隔仍舊是十分鐘一次，我好端端地坐在櫃檯前填寫資料，彼得先生去停車。妹妹跟我說，爸爸在前往醫院的路上，我點點頭，現在的我，理解對話的能力大幅下降，要想一想才知道別人說的話是什麼意思。

陣痛來的時候，我把筆放下，表情猙獰地捏著桌角。

下午三點半，我們住進樂得兒產房，這就是電話中護士告訴我的，唯一一間空出來的病房。爸爸這時跑了進來，他坐在長沙發上，一下站起來一下又坐下來，「痛嗎？痛嗎？」他不斷地問了又問，「怎麼個痛法？」

妹妹握著我的手，眼睛直直盯著偵測子宮收縮的儀器，像報大樂透抽獎號碼一樣一個數字一個數字反覆地念著。

彼得先生每兩分鐘就調整一次我背後的枕頭。

媽媽跑去上廁所。

大家都很緊張，又各自地假裝一點都不害怕。

「已經開兩指了，快要生囉、快要生囉！」長得有點像安西教練的醫師捏捏我的肩膀對我說：「妳要打無痛分娩嗎？」他的神態既不勉強也不禁止，好似滷味攤販在問外帶客人餐點要不要加辣。

「要要要，絕對要！」我說：「我一定要打無痛分娩。」

「還有我要吃漢堡。」我轉頭跟媽媽說，媽媽彈了起來抓了錢包就跑出去買。

下午四點，一位女麻醉醫師走進來，她要我側著身，彎曲軀幹，我什麼都看不到，只覺得下方的脊椎骨咚地一聲被撞了一下，「打好了。」她笑瞇瞇地說：「藥劑推進去以後，十分鐘後就會見效。」

我看著爸爸盯著手上的錶。幾分鐘過後，陣痛開始，我一陣腰痠，痠痛入骨。

「跟剛剛比起來，陣痛有減弱了嗎？」

「我覺得沒有。」我扭著臉說：「啊……還是好痛……」

「那我們再加一針好了。」她輕巧地表示，有點像是在唱歌。

「要是都沒有用怎麼辦？」我煩惱起來。

麻醉師捏捏我的腿，想了一想後說：「別擔心，我保證盡量讓妳舒服。」

十分鐘又過去了，疼痛依舊張牙舞爪。

麻醉醫師又加了第三針，並且將我的身體放平，突然之間，我感覺到一股涼涼的麻意從腳底竄上來，感覺就像把杯子底部的蜂蜜攪了攪，全身漾著甜甜的暈眩。

「不痛了……」望著子宮收縮的強度逐漸上升，我卻失去痛的知覺後，我高舉雙手向大家宣布：「喔耶！我好了。」

時鐘停在四點四十五分。

擺脫了陣痛以後，愉快的下午便開始了。

婦產科醫師說這是第一胎，到產道全開大概還得等上十個小時。

全家都放鬆了下來，爸爸認眞地安排著晚上誰要輪班的事，彼得拿著手機打電話給公婆，妹妹則是把病房裡的每個櫃子都打開來看，到底爲什麼要這樣我並不清楚，她每次到飯店房間時，也會做同樣的事。

然後我發現，胎兒的心跳頓時從一百四十四下掉到六十下。

「欸欸，」我揮手叫著妹妹，指指機器的螢幕：「妳去護理站問一下怎麼會這樣。」

「啊呀，這應該是接觸不良……」爸爸走來走去摸著儀器的接頭。「我跟妳講，這種東西超容易一下就哪裡鬆掉的……」

一個護士跑了進來，她看著儀器的數字，檢查了綁在我肚皮上的帶子，百思不得其解。「我替妳再做一下內診喔……」她戴上手套，把手伸進產道。

我全身上下都是麻麻的，任憑她處置。

「Full! Full!」下一秒，我聽見護士大喊起來，另外一個護士從門外跑進來，她用眼角看了一下儀器，便開始猛烈地搖晃我的肚子。

「嗯？接觸不良吧？」爸爸沒有反應過來，還在問剛剛的那個問題，「小姐，妳看看是不是接觸不良？」又來了一個護士，她低頭一看，「Full!」刷地一聲把簾子拉起來，把爸爸跟妹妹推到外面去，留下我跟彼得在房間裡。

那個時候，我們不知道「Full」就是產道全開的意思，我們也沒有理解到，胎兒在滑下產道時，壓住了臍帶，心跳減慢，所以護士才那麼大力地搖著我的肚子，那個時候，我根本不知道，孩子馬上就要出來了。

「爸爸、爸爸，請你在媽媽用力的時候，扶住她的頭跟脖子。」一個護士教導著彼得接下來應該怎麼做，一面打電話到櫃檯去，而另一個護士則是一手拿著超大棉花棒，一手抓著優碘的瓶子，奮力地攪。

透明的瓶子發出咕嘟咕嘟的聲音。

「來不及了，用潑的好了。」我聽見護士悄悄地說，然後她們就把黃澄澄的液體，往我的下體潑。

這時長得像安西教練的醫師進來了，他露出和藹的笑容，正要對我說些什麼，但護士立刻將塑膠手套牢牢地套進他的雙手，我看見口罩上方，護士嚴肅的眼神，空氣裡都是消毒水的味道，醫師立刻快步走到我的雙腿之間坐下。

所有人就定位，沙場的士兵已經穿好盔甲，將子彈上膛。

下午五點二十分，時針跟分針，形狀好像一根細細的夾子。

「好的，媽媽，妳一覺得痛就開始用力吧，我們等妳發動囉……」安西教練對我說。

「可是我不知道什麼時候要用力……」我搖搖頭，露出憂慮的表情。

「她不會痛，她不會痛。」兩個護士一左一右，好像唱二部的合音天使，機械性地重複著：「她沒有感覺，她不會痛，她不會痛，她不會痛……」

「這樣啊……」安西教練看了一下旁邊的偵測儀器，再度露出微笑的眼睛：「看來妳要用想像力生了……」

我抓著兩邊的扶手，等待指示，醫師雙眼盯著子宮收縮的指數，「想像妳在上大號，一邊仰臥起坐一邊上大號……好，就是現在……」

「呀……」彼得先生像捧著熱湯似地捧著我的腦袋，我用力地坐起身來，「呀……呀……呀……」

「再一次，來……」

「呀……呀……呀……」

「好，準備好，再來……」

「呀……呀……呀……」

每次用力一分鐘後，就有五到七分鐘的休息時間，我斜躺在床上，這時子宮不會收縮，用力也沒有用。

房間裡的五個人，大眼瞪小眼，完全沒事做，好像一同在電梯裡，看著樓層的燈亮起，等著開門。

「咦，妳在哪裡上班？做什麼工作？」醫師跟我聊起天來。

空檔的時間，他問著一個又一個的問題，避免尷尬的氣氛。

「這樣啊，那先生在做什麼工作呢？」

「喔，外面有個年輕的女生，那是妳妹妹嗎？」

「那麼，妳的妹妹在哪裡上班呢？」

就這樣，我談論著每個人的工作內容，醫護人員六隻眼睛眨巴眨巴地盯著我的下體。

下午五點四十五分。

一點點都不痛。

我只能假裝很用力。平常不運動的我，其實也不是很確定仰臥起坐是什麼。

冷氣冰冰涼涼的，生產的過程跟我們事前想的都不太一樣。隨著時間過去，彼得先生漸漸卸下緊張的心情，他時不時就犯一點小錯，弄得護士很慌張。

「哎呀，爸爸，你的手不可以放在無菌單上面……」

「欸欸，爸爸，請不要這樣靠在媽媽的肚子上……」

反覆用力幾次過後，安西教練用一種隆重的口氣告訴我們：「這一次，我們就要把寶寶生出來囉……」

「好……」我們齊聲回答，用力吸了一口氣。

這時護士遞上一把剪刀，彼得先生跑到另一頭去。

喀嚓一聲，我聽見醫師毫不猶豫的下刀聲響，據彼得說，剪刀一下，產道口啪地裂開，紅紅的血唰地一下往外噴出。

「怎麼樣？」我雙手一攤，問彼得現在的情況，「跟我講一下……」

事後彼得告訴我，整個產程中，他一直以爲我是逞強才說自己一點都不痛，直到那一刻，下方戰線吃緊，一片血肉模糊，上方的我卻表情安穩，若無其事地問著怎麼樣啊？那時候他才理解過來，我沒有騙人，我是眞的不會痛。

下午五點五十八分。

醫師拉著拉著，突然之間，好像跳傘一樣，有一股往下衝的力量嘩啦嘩啦地跌落，寶寶從肚子裡滾出來了。

「來了來了，」醫師把他抱起來，從我的兩腿中間推上來給我看，「哈囉！媽媽……」

我看著寶寶，一下子突然不知道他是誰，也不知道自己是誰。

套著無菌衣的彼得先生張著嘴，他沒有笑也沒有哭，只發出呵呵呵的呼吸聲音。

「恭喜喲。」反倒是護士笑著對我們說話。

我跟彼得先生對看了一眼，然後又看著寶寶。

「哇……哇哇哇……」滿身都是黏液的寶寶，閉著眼睛哭了四聲，一長三短。

此時此刻，彼得與我與寶寶，好像三國時代的曹操、孫權和劉備，憂戚與共，小心翼翼，誰都不敢靠近誰多一點。

寶寶揮舞著雙手，睜開一雙迷迷糊糊的眼睛。

他來了。

是我的寶寶。

是我們的寶寶。

我們一家三口，都有一雙迷迷糊糊的眼睛。

後記──讓我們快問快答吧！

某天晚上我正忙著寫後記，彼得熱情地說他可以幫忙，於是……

我：「那麼，說說看你最喜歡的書是什麼？」

彼得：「啊？（一臉疑惑）喔，《萬夫莫敵》啊。我最喜歡的書是萬夫莫敵兒童版。我小學五年級看的，是暑假作業指定的課外閱讀，裡面每一行文字旁邊都還有注音符號的那種書。這是我唯一有從頭到尾看完的書喔。」（得意貌）

我：「這本書在講什麼？」

彼得：「就是很像神鬼戰士的劇情，講一個人帶領一群奴隸對抗羅馬政府的一本書，男主角叫作史巴達克。」我：「是電影三百壯士的那個斯巴達的意思嗎？」彼得：「當然不是同一個啊。史巴達克多一個字嘛，妳到底懂不懂，方芳跟方芳芳是同一個人嗎？史努比跟史酷比是同一隻狗嗎？」

我：「那本書給你什麼影響？」

彼得：「我看完都哭了。我總共看兩次。」我：「你哭什麼？」彼得：「因爲很感人，男主角最後犧牲了自己。」我：「那你有寫心得報告嗎？」彼得：「有啊，我把書裡面最後的幾行抄一抄就交了。因爲我太想哭了，當時不能再想起那本書。」

我：「如果中樂透，你想做什麼？」

彼得：「一中獎的話，當天晚上就去住 W Hotel。」我：「然後呢？」彼得：「然後點客房餐點點很多，吃飽以後就去強迫 BMW 的業務員讓我在半夜裡試駕雙門跑車一整晚。」我：「好不容易中樂透，你可不可以稍微想遠一點？」彼得：「嗯好，那麼隔天我就不去上班，我想要穿直排輪，從我們家旁邊的河堤一路溜到饒河街那裡去。」我：「你為什麼中樂透要溜直排輪？」彼得：「因為時間很多沒有煩惱，可以無憂無慮地溜很遠。」

我：「如果我們沒有中樂透，這個週末要怎麼過？」

彼得：「那我們就帶寶寶去晒太陽。」我：「去哪裡晒太陽？」彼得：「也是去我們家旁邊的河堤啊。喔，然後我們去找寶寶的阿公阿媽吃飯，沒有中樂透我很沮喪，就去當一下媽寶好了。」

我：「為什麼你這麼喜歡摳鼻孔？」

彼得：「因為我的鼻孔裡面有東西，要摳出來。」我：「我們結婚前你很少摳鼻孔。」彼得：「約會的男人還亂摳鼻孔，算什麼男人。」

我：「你最喜歡自己哪裡？」

彼得：「我最喜歡自己的……耳朵吧。欸，我的耳朵有聰明痣耶，這是唯一能證明我是聰明的證據。」我：「聰明痣是什麼東西？」彼得：「妳連這個都不知道嗎？我查給妳看。（彼得打開手機上網查詢）妳看，這個文章有說，左耳珠上有痣，稱作聰明痣。」（我檢查彼得的耳朵）我：「可是你左耳又沒有痣。」彼得：「沒有嗎？」（他一臉驚訝）我：「沒有啊。」（東翻西找彼得的左耳）彼得：「咦？難道是右耳？」我：「對啦，你右耳才有一顆痣。」（彼得眉頭深鎖，讀著文章。）彼得：「啊，右耳有痣是孝順痣。糟了，唯一能證明我是聰明的痣跑到另一邊去了。」（我大笑。）彼得：「欸，我肚臍也有痣。（彼得拉開上衣低頭查看）我得來查一下那個痣是不是代表聰明的意思……」我：「說實在的你覺得會上網查自己肚臍的痣的人會有多聰明？」

我：「如果可以有特異功能，你想要有哪一種？」

彼得：「我想要穿越時空啊。」我：「為什麼？」彼得：「我想回到過去看看古代的人，是不是真的像歷史課本裡面講的一樣，我很好奇。」我：「所以你第一時間想要回到哪個時刻？」彼得：「那還用想，當然是直接回到貴妃出浴。」

我：「你還記得高中的時候，你經常代表我們班去寫書法嗎？」

彼得：「記得啊，妳是學藝股長，會把當月的政令宣導念給我聽，然後我寫好再交給教務處，學校會把寫得好的貼在走廊的布告欄上。」我：「對，有一次的題目是：『婚前避免性行為，在校快樂又和諧。』我打電話念這段給你聽的時候，自己覺得好尷尬……」彼得：「喔，我想起來了，那一次我邊抄邊哭耶，有夠丟臉。」我：「哈哈，我還很緊張問你說：『你是被爸媽打了嗎？』」彼得：「才不是，那時候是因為臺北市長選舉，有一個候選人落選了，電視裡面的選民都在哭啊，我覺得好難過。」我：「你那時候又沒有投票權。」彼得：「我沒有投票權，可是我有感覺。」

我：「欸，你到底有沒有被兔妖附身？」

彼得：「我眞的不知道發生什麼事，我問我爸，他都不跟我講。不過我猜應該是小時候家裡的兔子死掉以後，有一陣子我都跟空空的籠子說話，他們嚇到了啦。」我：「那只是懷念不是嗎？」彼得：「對我爸媽來說，那就是靈異事件。」

彼得：「妳問好多題了，換我來問妳一題。」

我：「好啊。」

彼得：「妳覺得我們的寶寶哪裡長得最可愛？」我：「我覺得……」彼得：「等、等等，等一下，我想要跟妳一起說出答案，看看我們有沒有默契，會不會說出同樣的地方。」（我思考後在心裡決定寶寶最可愛的地方，是他的眼睛。）

彼得：「想好了嗎？數到三一起說喔，一、二、三……」我：「我覺得是眼睛。」同一時間，彼得興奮地說：「我覺得是臉。」（搞什麼臉這個部位也太廣泛了吧！）

我：「你覺得讀者看完這本書後，他們會喜歡你嗎？」

彼得：「如果只看妳的書的話，大家應該是同情我勝過於喜歡我吧。不過沒關係，我想等到他們看到我本人以後，會更喜歡我喔。」

我：「好，就這樣吧，我寫完了。」

彼得：「那我可以看一下妳剛剛寫的嗎？」我：「不可以。」彼得：「眞的不行嗎？」我：「不行。」彼得：「吼喲，妳越不准，我越想看……」我：「等出了書你再自己去買來看。」彼得：「那妳給我錢去買。」

LOVE系列014

親愛的彼得先生

作　者—葉揚
主　編—陳信宏
責任編輯—王瓊苹
責任企劃—曾睦涵
插　畫—達非設計企劃工作室／Hui
美術設計—Finn
校　對—葉揚、林芝、謝惠鈴、王瓊苹

董事長—趙政岷
出版者—時報文化出版企業股份有限公司
108019台北市和平西路三段二四〇號三樓
發行專線—（〇二）二三〇六—六八四二
讀者服務專線—〇八〇〇—二三一—七〇五
（〇二）二三〇四—七一〇三
讀者服務傳真—（〇二）二三〇四—六八五八
郵撥—一九三四四七二四時報文化出版公司
信箱—10899台北華江橋郵局第九十九信箱

時報悅讀網—http://www.readingtimes.com.tw
電子郵件信箱—liter@readingtimes.com.tw
時報出版愛讀者粉絲團—http://www.facebook.com/readingtimes.2
法律顧問—理律法律事務所　陳長文律師、李念祖律師
印　刷—勁達印刷有限公司
初版一刷—二〇一五年十月九日
初版五刷—二〇二一年五月二十八日
定　價—新臺幣二八〇元

時報文化出版公司成立於一九七五年，
並於一九九九年股票上櫃公開發行，於二〇〇八年脫離中時集團非屬旺中，
以「尊重智慧與創意的文化事業」為信念。

親愛的彼得先生 / 葉揚著. -- 初版. -- 臺北市：時報文化, 2015.10
面；　公分. -- (Love系列；14)
ISBN 978-957-13-6418-6(平裝)

1.婚姻 2.通俗作品

ISBN 978-957-13-6418-6(平裝)

544.3　　104018902